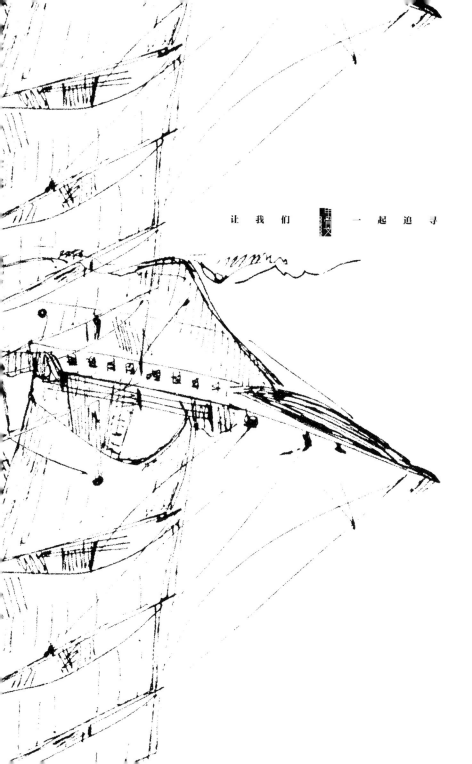

让 我 们 　　　 一 起 追 寻

东印度公司

東インド会社：巨大商業資本の盛衰

巨额商业资本之兴衰

〔日〕浅田实 著　　顾姗姗 译

社会科学文献出版社
SOCIAL SCIENCES ACADEMIC PRESS (CHINA)

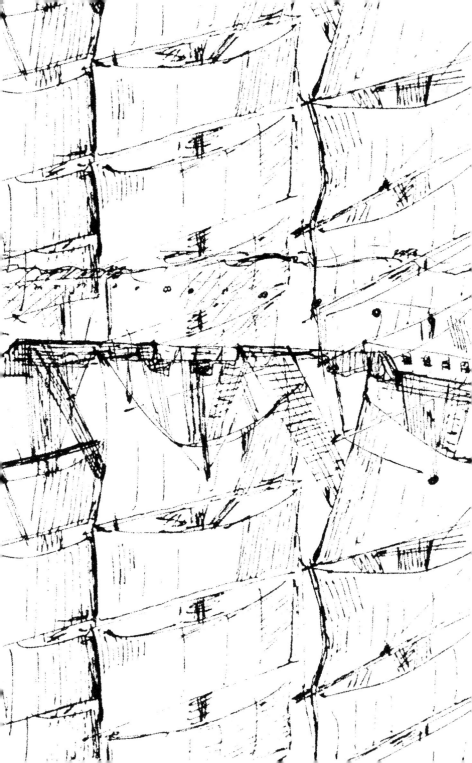

前言 来自东方的诱惑

在当代丰衣足食的日本社会，人们似乎不会再去追忆：就在不久前的那个时代，相对于拥有着繁荣物质文明的西欧发达国家，包括日本在内的亚洲诸国还没有摆脱贫穷的桎梏，仍在竭力追赶着西欧国家的步伐，并沉浸在艳羡和模仿它们的美梦之中。但是，当我们追溯更久远的时代，眼前则又出现了与此恰恰相反的情景。在中世纪的欧洲大陆上，浩然弥漫着西欧人对东方世界的憧憬与痴迷。

在东方世界的某一个角落，坐落着一个幽香四溢的乐园。那里就是黄金国的所在之处。那里是有油油绿草的沃土，也是四处芬芳的梦幻世界。人们憧憬着能够到达那片香料丛生的土地，去收获胡椒和肉桂。于是，在这样的憧憬和欲求的驱动下，西欧人开启了大航海时代的探险篇章。

在大航海时代之前，欧洲既没有土豆、玉米，也没有西红柿，人们甚至不知道咖啡、红茶的存在，更不用说砂糖了，在当时蜂蜜是唯一的甜味剂。虽然胡椒、香料作为给人们饮食生活带来欣喜的调味品在当时已广为人知，但是，由于其不菲的价格，它们始终是老百姓难以触及的奢侈品。于是，在这样的时代背景下，前往东方"乐园"去获取丰富的物资，自然就成了西欧人的迫切愿望。由此，大航海时代应运而生，而商业革命的钟声也随之被敲响了。

如果说工业革命为我们接连不断地带来了无数崭新的工业化产品，那么，在中世纪的欧洲，为人类做出相似贡献的就是商业革命了。通过商业的渠道，欧洲人将他们闻所未闻的物品带回了家园，并且是以低廉的价格大量购回的。欧洲人的生活质量由此得以提高，日子也变得多姿多彩、殷实滋润。商业革命的发展虽不及工业化时代那样迅猛，但是，作为"前工业化时代"的产物，正是它让欧洲人真正品味到了当时最为非凡的奢侈人生。

而本书所论述的"东印度公司"就是推动这样一个商业革命时代发展的巨擘。在东印度地区展开的商业贸易将欧洲与亚洲连接在了一起，葡萄牙、法国、英国等不少国家都参与其中。而在这些国家中扮演了最重要角色的正是英国。因此在本书中，"英国东印度公司"将是我们主要探讨的课题。同时，这也是由于唯有创造了巨额利润的公司才能充分代表和体现出商业资本家的各种特质。虽然一部分人认为，产业资本家、工业资本家才是肩负时代使命的栋梁和新的历史的缔造者，但站在当今社会已经进入"脱工业化时代"这一视角而言，重新回顾商业资本家的发展历程显得尤为必要。基于这一视角，本书的课题可谓蕴含着极强的现代意义。

"英国东印度公司"最终未能满足于作为一个普通的商业贸易营利公司的历史身份。不，或许应该说，它曾是一个营利性公司，但恰恰又为了营利这一目的，逐渐发展为一个无所不为而又冷酷无情的企业帝国。而伴随着这一发展与变化，东印度公司推动英国成为世界上首个资本主义国家，同时也为英国殖民印度——那个面积为日本 11倍以上的国度，扮演了冲锋陷阵的历史角色。

目　录

1

不断崛起的诸多东印度公司

印度馆

"船长，那儿就是印度！"

这个惊呼着发现了印度大陆的船员，正是在马林迪港口加入瓦斯科·达·迦马（Vasco da Gama）船队的伊斯兰导航人①。马林迪港口位于今天非洲东海岸肯尼亚共和国境内。而瓦斯科·达·迦马的船队自离开马林迪之后，已经有 13 个日夜未曾见过陆地的影子了。这个终日吹着

---

① 文中所指的导航人为阿拉伯航海家艾哈迈德·伊本·马吉德，他协助瓦斯科·达·迦马从马林迪成功穿越印度洋到达卡利卡特。——译者注

西南风的印度洋，难道真的没有边际吗？正当人们忧心忡忡、濒临绝望的那一刻，海平面上突然隐约地闪现出一个模模糊糊的绿色山丘的影像。于是，这才有了上文中"船长，那儿就是印度!"的一声惊叹，而正是这声惊叹成就了 1498 年航海史上的传奇。那一天深夜，瓦斯科·达·迦马的船队终于将巨大的铁锚抛进了靠近印度西海岸卡利卡特的港湾中。这段漫长的旅程，距上一年 7 月船队在葡萄牙首都里斯本起航后，已经历时 10 个月之久。

那之后，直到第二代葡属印度殖民地总督阿方索·德·阿尔布克尔克① （Afonso de Albuquerque） 逝世的 1515 年，整个印度洋海域——从里斯本到莫桑比克，再到卡利卡特，直至果阿、马六甲，全部被葡萄牙王国所掌控。葡萄牙人凭借着先进的武器和坚不可摧的舰艇闯入印度洋——那片曾经被称为"和平之洋"、"自由之洋"的区域，并摧毁了伊斯兰商人在印度洋的势力。

此后，葡萄牙王室为了顺理成章地使用国家权力来进行垄断贸易，还在首都里斯本设立了名为"印度馆"的政府机构。关于这一史实，荷兰人范林斯霍滕（Jan Huyghen van Linschoten） 曾这样记述：

① 阿尔布克尔克 （1415—1515），葡萄牙海军将领，其非凡的军事政治才能为葡萄牙在印度洋区域建立殖民帝国奠定了基础，被誉为东方恺撒、海上雄狮、葡萄牙战神。——译者注

运送胡椒的船只刚刚进入港口，货物就被商人们以 1 公担① 12 杜卡特的价格哄购而空，上供给国王了。

这里所说的"上供给国王"，具体指的是将胡椒纳入印度馆仓库的过程。此时胡椒的入仓价格为 16 杜卡特，其中包括了 4 杜卡特的运费。但是，当印度馆再次出售它们的时候，价格则会升至 32 杜卡特。也就是说，印度馆每出售 1 公担胡椒，就会有 16 杜卡特的上缴金流入王室的金库。通过这样的方法，葡萄牙王室将印度馆在掠夺过程中所支付的成本全部转嫁到胡椒的价格当中，而为这一切买单的自然就是老百姓了。

是荷兰先入为主，还是英国捷足先登？

上述情况所导致的胡椒价格暴涨，激起了荷兰、英国这些新兴国家的商人们去探索"印度之路"的欲望。但是当时印度洋与亚洲海域由葡萄牙掌控，因此，格外令人好奇的是，荷兰和英国究竟哪国能够率先将势力伸入其中。

---

① 公制重量单位，1 公担相当于 100 公斤。——译者注

东印度公司

从与日本的关系来看，1600 年 4 月荷兰船"博爱号"（De Liefde）漂流到今天的大分县的事件，让荷兰首次与日本展开交涉。但由于当时船上有一个名叫威廉·亚当斯（三浦按针）的英国海员，因而，荷兰人与英国人登陆日本的时间可谓没有先后差异。不过，这一事实，与后来分别控制了印度尼西亚、印度的荷兰与英国谁更为积极地展开了扩张的问题相比，则应另当别论。

英国方面，弗朗西斯·德雷克（Francis Drake）首先在 1577～1580 年穿越麦哲伦海峡，又横渡太平洋、印度洋，完成了他的第二次环球航行。此后，加文迪希（Thomas Cavendish，1588 年返航）、约翰·霍金斯（John Hawkins，1595 年返航）也依次成功完成环球航行，分别在荷兰人之前进入亚洲海域。不过，这几次航海采用的都是向西行驶、南下大西洋再进入太平洋的路线，以掠夺、探险为目的的海上冒险特征明显。绕过非洲大陆南端进入印度洋的仅有詹姆斯·兰开斯特率领的船队，并且在这次航行过程中，他们的船队损失惨重，八成船员不幸丧生。

与这些航海相比，荷兰在东印度洋的探险之旅虽然年代稍后，但从一开始便取得了令人刮目相看的成果。1596 年 6 月，浩特曼（Cornelis de Houtman）的四艘船代表荷兰首次到达爪哇岛，并满载着胡椒等货物凯旋。接着，1599 年 7 月，范·涅克（Van Neck）指挥的船队也在收

获大量胡椒之后返回荷兰。船队载回的胡椒的利润率达
400％，在商业上获得了巨大的成功。这一时期，荷兰还
派遣了许多其他船队前往东印度，其贸易航线得以不断增
多和扩张。范·涅克的成功带给英国商人极大的刺激，创
建"英国东印度公司"的浓郁历史氛围也随之应运而生。

虽然英国从德雷克时期起就先于荷兰在"亚洲海域"
展开扩张活动，但由于其活动以掠夺抢劫为中心，在商业
发展方面较为落后。与此相反，荷兰在亚洲海域的活动起
步较晚，但活动的重点在于和平的商业贸易，因此，在胡
椒交易方面领先英国一步。

世界最早的股份公司

在 1595～1602 年的短短几年中，荷兰在遥远的亚洲
国家陆续建立了 14 家贸易公司。但是，这些公司彼此竞
争，各自单独派遣船队前往印度洋收购胡椒和香料，导致
这些货物在当地的收购价格不断抬高，在本国的贩卖价格
反而严重下滑。如果这种情况持续下去，所有公司都将面
临破产危机。如果过度竞争导致公司全面倒闭，那么荷兰
千辛万苦建立起的东印度贸易航线就不得不在此终结。而
此时，除葡萄牙之外，英国这一强劲外敌也登上了竞争舞
台。在这样的局势下，政治家约翰·范·奥尔登巴内费尔

特（Johan van Oldenbarnevelt）在诸公司间展开了积极的斡旋，最终促成了这些公司的大统合。于是，1602 年 3 月，联合东印度公司（V. O. C）成立了。

与在一年前率先起步的英国东印度公司相比，联合东印度公司聚集了其 10 倍以上——约 650 万盾——的资本，成为历史上第一家股份制公司。并且，此后直至 1799 年，联合东印度公司作为一家跨海商贸企业，一直持续经营了大约 200 年之久。公司规定出资时间以 10 年为一期，并且在出资期间不得擅自撤资退出。而新的投资者与原投资者则必须在 10 年后的"一般清算"时，才可加入或退出。在这一制度的基础上，公司实现了长久而稳定的经营，在东印度地区设置了分公司和商馆，并派遣工作人员常驻当地。进而，公司能够在货物价格下落时购买胡椒等储存到仓库中，等到本国货船抵达港口时，再将其运到欧洲。

荷兰东印度公司对股东实行的是有限责任制，这种现代化的制度特点也极具历史意义。简而言之，持股者无须将自己的包括精神人格的一切都毫无保留地奉献给公司，只需以出资的形式来向公司贡献力量，是一种避免了将个人私生活一并牺牲的体制。

于是，1602 年起步的荷兰东印度公司就成了此后欧洲诸国在建立股份制公司时的典范。当时，其可谓是一个站在时代顶端的现代化公司。在那一时期的欧洲和亚洲，都还没有出现能与之匹敌、有同样优越组织结构的企业。于是，荷兰人便充分发挥这种现代化企业团体的先进性，至少在其后的 17 世纪的 100 年内，以绝对的优势压倒了以伊斯兰商人为代表的亚洲各地商人，以及曾经先入为主的葡萄牙商人和较晚涉足的英国商人的势力，推动东印度地区的贸易朝着对本国有利的方向发展。

"黄金世纪"与"粉饰世纪"

英国历史学家 C. R. 博克塞（Charles Ralph Boxer）在回顾了荷兰东印度公司 200 年的历史之后，将 17 世纪、18 世纪分别归纳为它的"黄金世纪"与"粉饰世纪"。其根据在于，对于荷兰东印度公司而言，17 世纪是它的鼎盛时代，然而进入 18 世纪后它就变得金玉其外而败絮其中了。1750 年 11 月，荷兰东印度公司总督写下了以下这段文字：

> 长达三年之久的爪哇岛叛乱令这座巨岛处处战火蔓延，甚至连它的邻岛也被殃及。

与荷兰东印度公司从 17 世纪到 18 世纪由明入暗的历

东印度公司

史轨迹形成鲜明对比的是英国东印度公司，它在进入 18 世纪之后逐步迎来了最为辉煌的时代。

英国东印度公司与利凡特公司（Levant Company）有着极深的渊源。利凡特公司是一家主要与土耳其进行交易的商业公司，经由土耳其收购亚洲国家的香料物产。但当荷兰人范·涅克在 1599 年成功开拓了海上胡椒运输航线后，利凡特公司的地位就一直受到荷兰商人的威胁。

> 荷兰商人与印度人通商，对本公司与阿勒颇之间的贸易无疑会造成沉重的打击。而这苦果的必然性，不久就会在我们的亲身体验中得到证实。

一位英国人记录下了以上这段话。迫于这种严峻的经济形势，英国利凡特公司的商人们开始考虑建立一家绕过非洲南端直接与亚洲进行商贸的公司。利凡特商人在当时伦敦的商业界是首屈一指的经济巨擘，不同于之前以掠夺为主要目的的远征船队，至少可以说在初期，他们是想创建一家以和平通商为目的的商贸企业的。

英国自古以来就有诸如维京人从事海盗业、私捕业的传统。但是，这些伦敦商人在地中海铺下巨大商网时，采用的却是正当规矩的交易手段。在 17 世纪初期，英国东印度公司还未成气候，然而为时不久，其贸易势头就压倒荷兰占据了上风。笔者认为，其原因在于伦敦商人的海上贸易吸收并糅合了海盗和私捕业的经验，在东印度这一近乎未知的市场中，如果仅仅依靠商业手段或者单纯地走冒险路线，都将无法问鼎成功。

英国东印度公司的启程

1600 年 12 月 31 日，英国女王伊丽莎白一世认可了"英国东印度公司"（伦敦商人对东印度贸易联合体与管理者）的法人地位，正式授予其皇家特许状。

1602 年 2 月，英国东印度公司最早的四艘舰艇在伦敦起航，4 月初驶出在英格兰的最后一个停泊地托贝港（Torbay）。1602 年 10 月 24 日，在团长詹姆斯·兰开斯特（James Lancaster）的指挥下，船队抵达了苏门答腊的亚齐（Aceh）。不久后，船队就载着重达 103 万磅（lb.）的胡椒，于 1603 年平安返回了英格兰。当时，英国国内的胡椒消费量大约为 25 万磅，因此，胡椒的大量涌入立刻让伦敦胡椒市场陷入一片混乱。于是，将胡椒再次出口到其他欧洲国家，便成为随之而来的一个新课题。胡椒价格不可避免地下落后，它的转出口也被提上了议程。不过，在英国东印度公司成立之前，原本售价为每磅 3 先令的货物，在 1608 年仅售 18 便士（1.5 先令），价格下降到原先的一半。

但是，即便胡椒价格下降，英国东印度公司的伦敦商人们仍开辟了向欧洲各地再出口的商路，并由此成功推动了英国东印度公司的贸易发展。

这一时期的英国东印度公司处于单次航海时代，采用的方法是：在每次出海前征集资金，当船只从亚洲载满货物返航后，再将其进口货物或进口货物的销售额，按照投资比例回馈给各个股东。换言之，每完成一次远航，本金与收益都会全部回馈给各个股东。这种单次航海从 1613 年起步，前后一共进行了 12 次，其中，当然也出现了船队遇难、分红回馈为零的惨淡结局。

然而，不管收益如何，每航海一次就清算一次的体制，终归难以同已经具备持久稳定组织的荷兰东印度公司相抗衡。于是，相对持久稳定的合资企业，包括多次航海的形式便被组织了起来，例如从 1613 年到 1623 年的第一次合资、1617～1632 年的第二次合资、1631 年起到 1642 年的第三次合资。

与荷兰不同的是，当时英国虽然无法完成巨额资金的筹集，未能建立起一个持久而稳定的公司，但是，它通过以上合资机制，在亚洲各地成功设立了 12 处商馆，并在泰晤士河畔的造船厂建造了 76 艘之多的船舶。虽然公司经营还处于不稳定的状态，但以上这些都为英国东印度公司发展为一个大型公司奠定了最初的基础。

法国等其他东印度公司

继荷兰、英国之后成立的第三家东印度公司为法国东印度公司。它于 1604 年获得了亨利四世的认可。但是，在实际开展印度航海活动之前，公司就销声匿迹了。之后，法国于 1615 年建立了马鲁古公司，1643 年又成立了东方公司。

法国东印度公司在重商主义者让·巴普蒂斯特·柯尔贝尔（Jean Baptiste Colbert）的时代来临之后，才真正开始起步。在柯尔贝尔的领导下，法国东印度公司在 1664 年 8 月获得了路易十四颁发的特许状，从而正式创立起来。法国各地的贵族和官僚纷纷接收到向法国东印度公司投资的号召。不过，相较于荷兰、英国的情况，法国的商人都是占股较少的小型股东，这构成了法国东印度公司的一个显著特点。

法国东印度公司真正意义上的印度扩张，是在曾为荷兰东印度公司效力的法朗索瓦·卡戎（Francois Caron）活跃于历史舞台时才进入正轨的。在卡戎的率领下，法国

东印度公司

船队于 1667 年起航，成功地在印度西北部的苏拉特、孟加拉、马苏利帕塔姆等地建立了商馆。于是，从 1668 年起，法国本土终于迎来了运载着棉织物、胡椒等东印度产品的本国船队。但是，法国东印度公司始终未能振兴繁荣，究其原因，很大程度是因为受到了荷兰东印度公司以及荷兰商人的侵扰与阻碍。

而在其他势力弱小的东印度公司中，首先要提的是 1616 年建立的丹麦东印度公司。这家公司由克里斯蒂安四世（Christian Ⅳ）授予特许状，同时也被人们称为外国投资家众多的哥本哈根东印度公司。其次，1695 年苏格兰创建的达连公司也属于东印度公司之列，其正式名称为"与非洲、印度贸易的苏格兰公司"。此处所指的"印度"是东西印度，而"达连"这一名称则来自巴拿马地峡附近的一个地名。此外，还出现了 1722 年由德国皇帝许可的奥斯坦德东印度公司、1713 年创立的瑞典东印度公司以及 1754 年设立的普鲁士孟加拉公司等。

但是，这些东印度公司全部都是荷兰人或英国人为对抗本国的东印度公司、开展自身的非法贸易而出资创建的，其中很多还获得了其所在外国政府的认可。总而言之，提及"东印度公司"，英国与荷兰才是它真正的代表者。

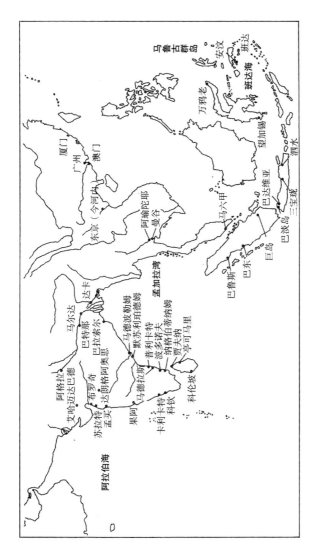

图 1　远东地区

2
胡椒与香料的输入

滞销的英国毛织品

如上所述，1600 年年末和 1602 年 3 月，英国、荷兰先后创立了各自的东印度公司。从他们自称东印度公司来看，很显然两家公司的创立目的都是贸易通商。不过，由于两家公司都是由欧洲人在欧洲创建而成的，因此不难想象，推行销售欧洲产品的商业贸易是他们创建公司的最大目的。就现实情况而言，英国东印度公司的设立初衷是为了倾销当时英国生产的毛织品。葡萄牙、荷兰的情况另当别论，但至少就英国而言，由于其毛纺织业从 15 世纪左右起就十分兴盛，因此人们一直认为，英国创立东印度公司的初衷就是为了开拓毛织品的销售市场。

然而，英国的伦敦商人在 1600 年东印度公司成立之前，就已经非常清楚毛织品在东印度等亚洲地区滞销的情况了。实际上，在毛织品出口贸易萧条的 17 世纪 20 年代，英国也出现了诸如"不出口毛织品，贸易公司就形同虚设"之类的质疑与批判。但是，当享誉欧洲的"英国毛织品"到了印度市场之后，其销售情况却是一败涂地。而这种情况并不仅限于"英国毛织品"，欧洲出产的其他各类产品在印度地区都难以卖出较高的价格。

与葡萄牙、荷兰如出一辙，英国东印度公司在 17 世纪公司创立之时，将贸易的重心放在向印度输送金银等金属并收购亚洲各地的珍奇物品的业务上。

正如中世纪时人们向往芬芳的东方"乐园"一样，17 世纪时，亚洲的珍奇又成为东印度公司的商人们垂涎欲滴的渔猎对象。在这一点上，荷兰东印度公司和英国东印度公司都显示出了一致的特征。

胡椒及其烹饪法

在 15 世纪的一本英国烹饪书中，记载着下面这个肉类烹饪食谱：

> 先准备一块优质的猪肉，脂多肉软者为佳。将其切为细条状，大小任意。接着，加入丁香与肉豆蔻后，加以轻敲。

东印度公司

　　书中还记载道，在英国，啤酒中加入肉桂与丁香的饮用方法受到了广泛的好评。

　　15 世纪，即使是在饮食文化发达的法国，鱼类的烹调方法也仍旧相当单一，大多情况下只是在食材里一味地添加香辛佐料。烹饪书上常会登载"用茴香将青花鱼包裹后，在铁丝网上烧烤，再蘸以酸辣调味汁"之类的食谱。后来，人们又开始使用牛犊肉、鸡肉，在其中加入牛奶、香辛佐料，有时也加入麝香等来制作白香肠。不过，这一配方要等到 17 世纪后才会问世。

　　从以上这些事例可知，从中世纪末期到近代，西方的烹饪史尽管经历了不断改良和摸索钻研的过程，但"香辛佐料"的使用一直是不可或缺的环节。这里所说的"香辛佐料"种类繁多，近年来，如红辣椒调味料、木薯淀粉等多种佐料纷纷登上了日本民众的餐桌，渐渐为人们所熟知。

　　1600 年东印度公司创立时，在欧洲，除了最负盛名的胡椒以外，白豆蔻、生姜、肉桂、丁香、肉豆蔻、豆蔻瓣等也广为人知。其中，胡椒是较为平民化而深受欧洲大众喜爱的佐料。并且，胡椒不仅在欧洲大名鼎鼎，在肯尼亚地区也芳名远播。斯瓦希里语中，胡椒被称为"pilipili manga"，意思是白色的辣椒。在奈良正仓院的皇家御品中至今还珍藏着 152 粒胡椒颗粒。虽然胡椒在当时已经远近闻名，但是在中世纪末的欧洲，它仍旧是一种稀罕的贵重物品，歌谣中甚至这样唱道："关起窗来别让风吹走，富商们拿着镊子数胡椒，一粒一粒又一粒。"而如此贵重的胡椒，在这一时期第一次经由东印度公司被大量地运送到了欧洲。

荷兰与香料

正如上文所述，荷兰东印度公司是世界上第一家东印度公司，创立时筹集了英国东印度公司 10 倍以上的资金。

瑞典学者克里斯托弗·格拉曼（Kristof Glamann）曾针对荷兰东印度公司的贸易进行过研究，并做了以下的论述：

> 欧洲向印度出口的主要产品为金银与货币等。相对于此，主要的进口产品为胡椒、香料（丁香、肉豆蔻）、绢丝布、棉织物、砂糖、日本产的铜、咖啡、茶。

格拉曼的著作以 1620～1740 年荷兰东印度公司的贸易兴盛时代为考察对象，其中还记录了咖啡、茶等——这些在当时还不是十分重要的进口产品。在 1602 年联合东

东印度公司

印度公司成立后的 50 年间，胡椒和香料这两种商品在以上列举的进口产品中以压倒性的优势占据着最重要的地位。以进口金额计算，仅仅是这两种商品，就占据了当时进口总额的 70% ~75%。

荷兰东印度公司，作为从事香料贸易的代表性公司，一直是学者关注和研究的对象。其中，食品佐料是 17 世纪荷兰主要进口的商品。这些食品佐料在当时欧洲人眼中的珍贵程度甚至是胡椒的几倍或十几倍。狭义上说，食品佐料正如格拉曼所记载的那样，指的是"丁香"、"肉豆蔻"以及被称为豆蔻瓣的"肉豆蔻之花"。

其中，位于印度尼西亚东部的马鲁古群岛中的德那地岛、蒂多雷岛、马基安岛、莫蒂岛、巴占岛这五座岛屿是丁香的主要产地，也是当时世界上唯一的丁香产地。

肉豆蔻的主要产地在马鲁古群岛以南偏东的班达群岛，同样，除了这一地区以外，世界上也极少有其他地区出产肉豆蔻。豆蔻瓣是肉豆蔻的花，它的产地也仅限于班达群岛。此外，珍贵程度仅次于以上这些香料的是锡兰岛盛产的肉桂。大航海时代的欧洲人之所以将马鲁古群岛和班达群岛作为他们探险的终点站，无非就是因为垂涎于这些丁香与肉豆蔻。1517 年，作为第一代驻中国的葡萄牙大使登陆广东的托梅·皮雷斯（Tome Pires）曾写道：

神……为豆蔻花创造了班达群岛，又为丁香孕育
了马鲁古群岛。

荷兰之野心

荷兰东印度公司最重要的贸易目的，就是将这些产地
稀少的香料占为己有，再贩卖到欧洲各地。于是，"香料
商业政策"便成为公司遵循的唯一营业方针。另外，胡
椒的产地相较于香料分布较广，在印度、东南亚各地都有
大面积的种植地。胡椒虽然只是进口产品中的一大种类，
但实际上可分为爪哇胡椒、马来胡椒、印度（马拉巴尔）
胡椒、梅莱盖塔胡椒（melegueta pepper）① 等多种品种。

根据 17 世纪 70 年代到 80 年代推动英国东印度公司发
展的乔西亚·查尔德爵士（Sir Josiah Child）1681 年的记
录，我们可以了解到当时香料的价格：胡椒每磅售价约为 8
便士，肉豆蔻、豆蔻瓣、肉桂约为每磅 6 先令到 15 先令。
这些价格虽为商品在伦敦市场上的批发价，但我们仍能由
此推算出香料约为胡椒价格 10 倍的大致市场行情。由于东

---

① 又名乐园籽、天堂椒，产于非洲西部沿海，花为紫色、喇叭状，豆
　莢长 5 ~ 7 厘米，内藏红棕色种子，气味类似豆蔻而辣味类似胡
　椒。——译者注

印度公司所进口的产品，其市场价位会随着每年的货运情况而发生浮动，所以胡椒的具体价格很难确定。不过根据其他史料，我们也可证明：按照当时的伦敦和阿姆斯特丹的情况，香料价格约为胡椒 10 倍的推断并不失其稳妥性。

荷兰东印度公司企图垄断欧洲所有香料与胡椒的销售。这无非是由于廉价的胡椒是大众化产品，市场需求大，交易额高。依据上述格拉曼的研究可知，按照成交额计算，1620 年前后，荷兰东印度公司的进口业务中，有56% 的经费都用在了胡椒的收购上。同一时期的香料进口额占总额的 18%，但如果从重量上来说，则有相当于香料 31 倍的胡椒被进口到了欧洲。

为了独霸欧洲胡椒和香料的供应行业，荷兰东印度公司投入巨大人力物力展开了在印度尼西亚的扩张：1605年，夺取了安汶岛上葡萄牙人的要塞；1611 年，在爪哇岛的雅加达建立起商馆；1614 年，雅加达被改名为巴达维亚，并迎来了赴任的事务总长——简·皮特斯佐恩·科恩（Jan Pieterszoon Coen）。其后，在他的统治之下，荷兰赤裸裸地推行在印度尼西亚的香料、胡椒专营政策。

有关荷兰、英国东印度公司合并的交涉

面对荷兰在印度尼西亚香料群岛的高压统治，英国东

印度公司发出了最强有力的挑战。如上所述，了解到毛织品在亚洲滞销情况的英国，从公司创立初期时起，就开始向爪哇岛扩张，很快就将触角伸入香料群岛。普洛伦岛是班达群岛中的一座岛，如上文所述，这里出产肉豆蔻和豆蔻瓣。1616 年，英国人也登上了这座岛。

在这一形势下，荷兰、英国两家东印度公司在欧洲本土缔结了协约。荷兰政府（联邦议会）向荷兰东印度公司发出指示，要求其停止一切在亚洲针对英国的敌对行为，同时签署了合并两家东印度公司的协约。这一协约倡议双方停止商业竞争、贸易竞争，共同建立世界上唯一一家垄断型的东印度公司。两家东印度公司可以各自派遣船舶前往亚洲各地展开商贸活动，但不进行价格战争，在胡椒等产品的收购业务上采用共同作业的形式。这是因为两家东印度公司大量竞购胡椒，会导致其价格在欧洲市场的下跌以及在亚洲收购价的上涨。而协约的目的便在于避免这一现象的发生。

但是，协约同时规定，为尊重以往的实际成交量，胡椒、香料的收购量必须按照荷兰与英国 2∶1 的比例进行分配。

这样一个在欧洲本土缔结的协约，必然无法适应亚洲当地的实际形势。欧洲方面，在 1609 年，荷兰政府与西班牙、葡萄牙缔结的休战协议很快就要到期了。并且，由于受到德国 1618 年爆发并持续了 30 年之久的战争的影响，荷兰所面临的国际环境十分恶劣。因此，这一时期的荷兰很难有余力去对付英国。在这些因素的迫使之下，荷兰政府签署了以上协约。不过，对于在印度尼西亚当地那些企图排除英国势力的荷兰人而言，在形势所逼的情况下与英国缔结协约的事实并非一件令人欣喜之事。

安汶岛事件

不出所料，面对上述协约，当时晋升为总督的简·皮特斯佐恩·科恩，向荷兰总公司的首脑发出了对公司软弱态度的强烈谴责。他不但没有遵循这一协约，甚至从 1621 年起发动舰队开往班达群岛，武力驱逐了占领了普洛伦岛的英国人。

为了将东方贸易滋生的巨额利润全部占为己有，就必须截断其他所有会导致利益流失的中间环节。因此，荷兰不仅要对抗英国势力，同时还必须将在当地扎根已久的中国商人、马来西亚商人、爪哇商人、科罗曼德尔商人等排除出局。于是，科恩断然决定对当地的原住民开始实施高压式的武力统治；同时，派遣舰队开往班达群岛、安汶岛、马鲁古群岛，强迫当地君主与荷兰签订垄断性贸易合约。通过这些措施，荷兰成功地将世界其他地区都无法生产的丁香和肉豆蔻一举囊括。

　　1623 年发生的"安汶岛事件"，最直接地暴露了荷兰的高压政策。安汶岛位于马鲁古群岛与班达群岛之间，同样也是构成香料群岛的主要岛屿之一。在 1619 年的协约基础上，英国人在荷兰人的要塞中建立起一座小型商馆。一次，一个受雇于荷兰人的日本人，偶然与要塞中的荷兰哨兵交谈了一番，并询问了一些事情。可是，这次交谈就被荷兰人当作英国人预谋反抗荷兰的证据，荷兰方面声称，英国为准备武力暴乱，利用这个日本人进行了种种侦查。

　　于是，1623 年 2 月 11 日的夜晚，这名日本出身、名为七藏的荷兰佣兵被抓了起来。拷问之下，他被迫供认罪行。紧接着，日本人以及英国东印度公司安汶岛商馆的总长加百列·塔尔松（Gabriel Towerson）等英国人、葡萄牙人接连被捕。2 月 27 日，9 名日本人、10 名英国人、1 名葡萄牙人被定为预谋夺取荷兰要塞的罪名，全部人首两地。

　　根据历来的研究可知，安汶岛事件中英国人利用日本人企图谋乱的说法完全与事实不符，实际上是荷兰方面想借此罪名来打倒英国的势力，将香料群岛的控制权完全掌控在本国手中。也就是说，当地的荷兰人一手捏造了英国人的罪名才是事件的真相。这一事件为之后英、荷两国的纷争埋下了火种，成为未来英荷战争爆发的诱因之一。

荷兰全胜

安汶岛事件终归不可避免地引起了一场轩然大波。1619 年发起的合并荷兰、英国两东印度公司的协约企划因此彻底废止。不仅如此，荷兰开始变本加厉地对当地原住民实行更为残忍的刑罚和严苛的迁徙政策，进一步加强了对香料群岛的控制，并由此实现了对世界香料贸易的完全垄断。

从香料岛被彻底驱逐的英国，虽然没有立即撤退到它在印度的殖民地，但还是大幅度地退到了新加坡以东的地区（所谓的东亚地区）。安汶岛事件爆发的同年（1623）5 月，英国关闭了平户商馆，撤出日本，并在当年又撤出了马六甲北部的北大年以及暹罗①。以安汶岛事件为转折点，最终英国仅在东南亚地区勉强守住了位于爪哇岛西端的万丹的地盘。

1627 年，当科恩再度以总督身份赴任巴达维亚时，印度尼西亚已经不存在任何阻碍荷兰势力发展的障碍了。其原因在于英国的撤出和葡萄牙的失势，同时也有原住民因荷兰扩张手段的粗暴和残忍而放弃反抗的原因。

---

① 泰国地区旧称。——译者注

就这样，荷兰东印度公司在 1630 年前后建立起了以香料群岛的香料为主要产品的贸易垄断体制，并在接替科恩成为下一任总督的安东尼·范·迪门的时代，迎来了它的全盛时期。1614 年，荷兰占领马六甲，这给当时已步入衰败的葡萄牙带来了致命性的打击，同时也彰显了荷兰在东南亚、东亚方面的控制权。

1645 年，安东尼·范·迪门去世时，以巴达维亚为大本营的荷兰商业帝国已经完全巩固了自身的地位，对香料的垄断也达到了坚不可摧的地步。班达群岛的肉豆蔻、安汶岛和马鲁古群岛的丁香被其独霸。原住民全部沦为其奴隶，只被允许从事诸如砍伐树木等为满足荷兰本土需求的生产作业。更甚者，当这些岛屿陷入粮食匮乏的困境时，荷兰东印度公司还强制原住民购买荷兰大米，不择手段地榨取最大的利益。

同一时期，荷兰在实行锁国政策的日本，获得了在亚洲各商馆中最多的利益，这进一步推动了荷兰本土经济的发展与繁荣。在这一欣欣向荣的背景之下，东印度贸易盛况空前。1648 年，荷兰获得欧洲列强对其独立的认可，同时，也迎来了荷兰历史上的黄金时代。

克伦威尔改革

安汶岛事件之后，英国东印度公司虽然迫不得已地撤出了香料的主产地，但是其仍旧考虑再次加入胡椒的贸易，并且最好能同时涉足其他香料的贸易。由于无法再靠近香料群岛等印度尼西亚的东部地区，因此，英国东印度公司便与那些在荷兰人武力统治下巧妙从事非法私营的当地商人展开了交易。位于苏拉威西岛（旧称西里伯斯岛）的望加锡是这些私营商人的聚集地，于是，英国人就载着铅、火药等来到这里与他们交换香料；同时，通过在爪哇岛西端的巴淡岛进行胡椒交易，来对抗巴达维亚的香料市场。

然而，英国东印度公司仍存在一个弱点，唯有克服这一弱点才能展开对荷兰的全面挑战。在此，让我们先了解一下英国东印度公司克服这一弱点的前因后果。如上所述，英国东印度公司在创立初期采用的是"单次航海"与"合资"的企业制度，因此是一个具有浓厚的临时性色彩的贸易集团。其间，国王查理一世的暴政又助长了柯登公司等私营贸易业者（interlopers）① 的气焰。1624 年，随着英国资产阶级革命② 在本土的爆发，私营贸易者的活动愈加活跃，这与荷兰经济繁荣的影响因素一起，将英国

---

① 即破坏东印度公司进口亚洲货物垄断权的独立商人。威廉姆·柯登爵士（Sir Wiliam Courten）于 1637 年获得了查理一世授予的贸易特权，该特权等同于东印度公司所持特权。——译者注
② 又称为英国内战。——译者注

东印度公司逼上了穷途末路。

伴随着英国资产阶级革命的发展，英国东印度公司的体制重建问题，在奥利弗·克伦威尔（Oliver Cromwell）于 1650 年前后成为政府实际掌权者之后，在以议会为中心的场合被多次提上议案。1657 年 10 月，英国东印度公司在共和政权的体制下获得了新的皇家特许状。这一特许状就是所谓的针对英国东印度公司的"克伦威尔改革计划"。基于这一计划的实施，英国东印度公司终于摆脱了临时企业的色彩，转变为一家与荷兰东印度公司具有相同性质的永久性公司组织，重新踏上了东方贸易的航程。

投资额与利益一并分配的方式被撤销，取而代之的是仅将盈利分配给股东的合理分配形式。另外，"出资者们出席股东会议，根据各自的投资额来对企业、贸易的经营事项进行投票决议"。原先柯登公司的商人们也被统合到英国东印度公司。经历以上种种而起步的英国东印度公司，其特权在英国资产阶级革命结束后继续获得了复辟王朝的认可，得到了进一步的强化。于是，在公司体制不断完善的背景下，英国东印度公司正式启动了对荷兰的全面挑战。

阻止荷兰对胡椒的垄断

英国资产阶级革命给英国的各个领域都带来了深远的

影响，对于英国东印度公司的贸易而言，英国资产阶级革命也为其带来了巨大的转机。在印度殖民地中，除了长久以来控制的以苏拉特为中心的古吉拉特邦地区，科罗曼德尔海岸和孟加拉——这些东海岸地区就是在这一时期开始进入英国掌控范围的。与此同时，英国向欧洲输入的主要产品，也从17世纪独占鳌头的胡椒、香料等，逐渐转型为印度棉织物、绢丝制品、咖啡、茶等——这些日后十分畅销的产品。也就是说，从革命结束后的1660年前后起，东印度贸易便已经开始向18世纪的贸易类型转变了。

以上这些是人们对英国东印度公司发生的变化的一般认识，但是从实际情况来看，克伦威尔改革之后，甚至在1660年后，英国东印度公司的胡椒进口贸易并没有出现下滑趋势。不仅没有下滑衰落，而且根据最近的统计学研究，17世纪70年代的英国东印度公司进口的胡椒总量甚至达到了17世纪上半期的2~3倍，年均额约为411万镑。这是公司创立以来的最高进口额。

1688年，荷兰东印度公司的"十七人董事会"预计欧洲的胡椒年消费额应当为720万镑。董事会认为这是荷兰、英国两大东印度公司应当供应的胡椒总量。那么，17世纪70年代英国411万镑的进口额，似乎就是一个能够击败荷兰的巨大数字了。

然而，荷兰东印度公司也未从胡椒贸易中隐身而退。

荷兰也如出一辙地输入了大量的胡椒，1668 年为 800 万镑、1670 年为 934 万镑。由于两大东印度公司对胡椒的大量进口，胡椒价格出现大幅度下跌，最终使两大公司两败俱伤、损失惨重。但是即便如此，英国东印度公司仍不顾后果，持续进口大量的胡椒，其原因就在于它要挑战荷兰、与其一决雌雄的决心。

> 正如荷兰对肉豆蔻、豆蔻瓣、丁香、肉桂的垄断贸易一样，一旦荷兰独霸了胡椒市场，鉴于它是一种被大众广泛使用的物品，那么，这一商品（胡椒）产出的利润就将会比其他一切商品都更为重要。

正因为胡椒是大众化商品，因此胡椒的垄断经营必然会使消费者被迫承受新的税收负担。因此，不仅在香料市场上，而且在胡椒市场上，英国无论如何都要阻止荷兰一手遮天。英国东印度公司的首脑正是出于这种考虑，在经济受损的觉悟之上坚持大量进口胡椒的策略。

香料与胡椒时代的终结

正如为壮大荷兰东印度公司实力而活跃的科恩和范·门迪一样，乔西亚·查尔德爵士（Sir Josiah Child）为英

东印度公司

国东印度公司的发展也做出了巨大的贡献。不过，相对于前二者活跃于巴达维亚当地，查尔德爵士则是在伦敦的公司总部大展他的才华与宏图。但这三位历史人物有一个共通处——前两位是强硬的反英主义者，而查尔德则是一位对荷兰怀有同样强烈对抗意识的人物。

在 1681 年发表的《关于东印度贸易的考察》中，查尔德指出，英国东印度公司在对抗荷兰的垄断经营的过程中，通过进口胡椒、香料等成功打压了荷兰的垄断价格，从而帮助英格兰王国节省了 50 万镑。

但是，由于 1670 年以后荷兰、英国两大东印度公司竞相大量进口胡椒，胡椒价格由 1 镑 18 便士逐步下跌至 9.6 便士（1670 年）、7.2 便士（1675 年），不及原价的一半。同时，随着从西印度以及中美洲种植园流入的价格为 1 镑 2 便士的生姜开始代替胡椒产品，胡椒贸易便愈发萎靡不振。

然而，即便形势如此，荷兰东印度公司仍然试图强化对胡椒的垄断经营，1682 年将英国势力从爪哇岛的班达地区驱逐了出去。紧接着，英国的胡椒进口量急速锐减，1683 年的输入量减至 128 万镑。与此同时，胡椒在伦敦的售价则大约上升了 2 便士。

英国退离班达地区，虽然意味着查尔德挑战荷兰胡椒垄断的计划大幅度地倒退了，但是由于胡椒价格的回升，英国东印度公司得以脱离一败涂地的危险境地。1700 年,伦敦的胡椒价格恢复至 1 镑 14 便士。而荷兰虽然成功垄断了在印度尼西亚对香料与胡椒的经营权,但在日益激烈的重商主义战争及贸易竞争中,胡椒称霸的时代却在 18 世纪一去不复返了。

3

棉织物的进口与重商主义

英荷战争

从 17 世纪中叶到下半期，英国与荷兰之间一共爆发了三次英荷战争（1652～1674 年）。这些战争的特点在于仅限于海上交战。也就是说，两大海洋国家围绕当时东印度胡椒贸易的竞争，正是战争的原因所在。C. 希尔（John Edward Christopher Hill，1912—2003）曾这样阐述道：

> 第一次英荷战争为英格兰商人打开了通往印度和远东地区的贸易大门，第二次英荷战争又为其开放了西非奴隶贸易的通道。

第一次英荷战争（1652～1654 年）爆发的导火线是克伦威尔在英国资产阶级革命进程中颁发的航海条令。

这一条令的主旨为：凡运载货物至英国港口者，不得使用荷兰制造的船舶。其目的在于尽可能地打击当时占据英国上风的荷兰商业和海洋运输业。于是，当航海条令在1651年10月由克伦威尔颁布后，英荷之间的海上战争便一触即发了。海战在1654年暂时中断，1660年查理二世再次颁布航海条令后，英荷战争于1665年再度爆发。对英国而言，这场战争虽然极为艰难，但它最终由此赢得了北美殖民地纽约的控制权，同时也如C.希尔所阐述的那样，英国还因此获得了参与奴隶贸易的入场券。

另外，从与东印度贸易的关系的角度来看，上述"安汶岛事件"的赔偿问题与这些战争之间也有着千丝万缕的瓜葛。在英国方面总体获胜的第一次海上战争结束后，双方所签署的明斯特和约规定，鉴于安汶岛事件中的牺牲者，英国应获得3615镑的赔偿金。可是，对普洛伦岛的诸多问题心怀不满的英国，又将安汶岛上发生的惨绝人寰的大屠杀作为发动第二次英荷战争的借口提出。在这次战争中英国虽然一无所获，但英国人民的反荷情绪因此高涨，直接促成了1672年的第三次英荷战争。在这次法国与英国联盟共同对抗荷兰的海战中，荷兰败北的消息也传入了爪哇岛。于是，当地君主也举起了反抗荷兰统治的旗帜，一时间全爪哇岛陷入了一片暴风骤雨般的骚乱之中。

众所周知，在此前的欧洲，商业贸易与海盗行为以及海战之间有着不可分割的关系，而 17 世纪的英荷战争则将这一关系最终发展为国与国这一层面上的争斗。这意味着，在近代国家发展的进程中形成了最早的重商主义商业战争和海上战争。

荷兰与棉织物

这是一场英荷之间的海上争霸战争。但从实际的海上战役来看，很难说英国占据了优势地位。准确地说，在第二次英荷战争（1665～1667 年）中，荷兰海军沿着泰晤士河溯流而上，一时间出现了伦敦港被封锁的局面，英国已经陷入败北的状态。但是，由于荷兰担心法国的威胁而急于媾和，英国才从险恶的事态中得以解脱。另外，在第三次英荷战争中，荷兰认为相对于海军大国英国，更显著的威胁来自陆军大国法国。当英国于 1674 年单方面与荷兰休战时，智神墨丘利的笑容才终于转向了英国。

在《大国的兴衰》一书中，P. 肯尼迪（Paul Kennedy）指出荷兰的败退与"地理因素和政治"有着密切的关系。而这些则为英国提供了无比有利的条件。

强劲的西风为英国提督创造了有利的条件……（荷兰）在美洲以及印度的贸易也暴露于英国海军的

威胁之中。

然而，荷兰的东印度贸易，在英荷战争终结的 17 世纪 70 年代前后却并没有陷入低谷。1620 年前后，荷兰从亚洲各地进口到本国的货物，包括胡椒、香料，总金额为 2943 弗罗林；1670 年前后，总金额是 1620 年的 3.7 倍，达 10813 弗罗林；到 1700 年前后，总金额甚至增长为 1620 年的 5.1 倍，超过了 15000 弗罗林。

英荷战争后，荷兰在东印度的贸易不仅没有受创，反而显示出突飞猛进的势头。不过，1670 年和 1700 年前后的荷兰东印度公司的进口商品出现了与 1620 年迥异的特点。正如第二章所示，1620 年前后，胡椒和香料在进口商品中所占的比例为 75%，但在 1670 年时则降至 41%，1700 年时则仅占 23%。

胡椒、香料所占比例下降，是由于这一时期棉织物、丝织物这类亚洲纺织品的进口量不断增多。从占进口商品的比例来看，纺织品在 1670 年占 36%，1700 年占 55%。虽然在荷兰与英国发生胡椒进口的激烈竞争的 1670 年，纺织品的比重还远远不及胡椒、香料，但到了 1700 年，亚洲纺织品的进口额则一跃登上了榜首。如果考虑当时进口数额全面增长的事实，我们就不难看出 17 世纪末期荷兰东印度公司对于棉织物是何等倾心。

英国与棉织物

倾心于亚洲纺织品尤其是印度棉织物的商家，并不只有荷兰东印度公司。确切而言，英国东印度公司才是将棉织物大量输入欧洲的真正先驱与核心力量。W. H. 莫兰（W. H. Moreland）在很久以前便已提出这一观点："为印度棉织物开辟了欧洲巨大的新市场的是英国东印度公司。"

实际上，在印度尼西亚的胡椒、香料交易中总是遭受荷兰排挤的英国东印度公司，为了弥补从东印度地区返回时货运不足的缺憾，早在初期阶段就已经开始把印度产的纺织品运往欧洲了。英国东印度公司创立不久后的 1609 年，在印度西北部棉产地古吉拉特地区的贸易据点苏拉特从事棉织物输出贸易的 W. 芬奇，在他的商业报告书中记述道：

> 巴夫特（baftas）、塞米阿诺（semianos）、杜特基（dutchies）、拜拉米（bairamis）四种织物一般用 calico 这个单词来统称。这些种类繁多的 calico 及其印染品，非常适合英国的家庭使用，而平纹细布则适合向非洲销售。

而所谓"为印度棉织物开辟了欧洲巨大的新市场"的含义又是什么呢？让我们站在全球视角来考虑这一问题。

> 棉花的使用令生活在不知不觉之中变得细腻而丰富。而这一变化不论是对于曾以粗麻蔽体的我们，还是对于以兽皮披身的西方人都如出一辙。

柳田国男在其《棉花之前的事》（《木綿以前の事》，岩波文库）中写下了以上这段话。棉花原产于印度，之后被广泛传播到中国等亚洲各地区。即便是在当时的新大陆——非洲，棉花也是当地人知晓的事物。棉花的踪迹，可谓遍及世界的各个角落。但令人意外的是，唯独西欧（泰西之地）的土地上从未出现过它的身影。

同其他的亚洲产品一样，棉花必须经由阿拉伯世界才能进入地中海地区。15世纪，为了收购这些棉纱以及原棉（未加工的棉花），威尼斯的船队必须前往叙利亚的阿勒颇。当时，欧洲常常将进口来的棉线与亚麻混织，制成"亚麻棉布"来使用。而今天我们所使用的"百分百全棉"则是伴随着英国东印度公司的发展在17世纪问世的物品。

棉织物的特点

印度棉 "calico" 的称谓是由最初将它引入西欧地区的葡萄牙人命名的。如上所述，瓦斯科·达·迦马的航海首次着陆的地点是印度西海岸的卡利卡特。当地人自然穿着当地生产的棉织衣物，葡萄牙人便将这种布称为 "卡利卡特制的布"。"calico" 的称谓就是从这里演变而来的。

众所周知，棉织物较于今天的化学纤维制品，吸湿性能优越，轻便干爽，不会产生静电现象，安全性高，质地结实耐洗，并且能被制成各种厚度。另外，它还易于染色而不易褪色。由于触感柔软舒爽，它是作为贴身穿戴的布料的最佳选择。除了用于日常服装，棉织物还是家具和厨房的常用品，作为宇航员航天服的材料也极受好评。

如此无可挑剔的布料，欧洲人在 1600 年以前却对它一无所知。并且，根据 W. H. 莫兰所述，直到 17 世纪棉织物才开始逐渐在欧洲普及，远远落后于世界其他地区。因此，W. H. 莫兰便将此前的欧洲称为 "未开拓" 的棉织物市场。

不过，根据西洋经济史或者英国经济史的记载可知，工业革命之前的英国是毛织物的产业大国。15 ~ 16 世纪时期的中产阶级自耕农，便是通过在务农的同时从事毛织物的生产而富裕起来的。直至今日，英国制造的绅士服装也仍以优质的羊毛原料傲视全球。可以说，当时英国引以为豪的出口到近邻欧洲诸国以及新大陆的纺织物，正是他们的毛织物。

英国东印度公司也计划尽快开辟出一条销售英国毛织物的商路。然而，东印度公司却将印度棉引入了这样一个毛纺织业历史悠久的国家。借用柳田的话来说，这些"以兽皮披身的西方人"的"生活"终于"变得细腻而丰富"起来。

棉织物进入英国的原因

作为毛纺织业大国的英国为何引入了棉织物？从与英国东印度公司之间的关联来看可知，英国原本是为了把本国生产的毛织物倾销出去才与亚洲展开贸易并创立英国东印度公司的。至少，这是他们最初的意图。然而实际上，英国东印度公司却载着印度生产的棉织物返回了英国。

如下一节将要提到的，17 世纪 70～80 年代，在英国大众之间刮起了一股狂热的追求印度产棉布的风潮，人们称之为"棉织物热潮"、"印度热潮"。那么其原因何在呢？以下我们将对此略做探讨。

东印度公司

17 世纪 60 年代 10 年间的大部分日记被保存下来，其中世界闻名的塞缪尔·佩皮斯（Samuel Pepys）曾这样记述：

> 我们就棉织物是否等同于亚麻布的问题做了讨论。我主张它等同于亚麻布，但东印度公司的官员认为它不同于亚麻布。也就是说，棉织物的原料是棉花，采摘于棉花树上。

可见，印度棉在当时被视为亚麻的辅助品或替代品。1686 年，一位名叫托马斯·帕皮伦（Thomas Papillon）的人写道：

> 棉织物不但具有与法国、荷兰、弗朗德伦生产的亚麻布相同的品质，而且在价格上，亚麻布至少是棉织物的 3 倍。

品质上与亚麻几近相同，但价格上仅为它的三分之一，这就是印度棉织物的魅力所在。而且，由于英国长久以来专注于毛织品生产，非羊毛织品，如亚麻等麻纺织品，全部都依赖于进口，所以人们对于代替亚麻布的棉织物的进口并无太大抵触。

英国经济史学会的权威乔治·昂温（George Unwin）

也指出："印度产的棉织物和平纹细布的进口，相较于毛纺织业，给法国、荷兰、德国诸邦的主要制造业——亚麻制造业贸易带来了更为沉重的打击。"

于是，作为亚麻替代品流入的棉织物，以其诱人的价格——日薪为 15 便士的劳动者工作两周后便可购买 2 丈的价格，在短时间内就在大众中得到了普及。首先它在英国国内迅速赢得了异常的欢迎，继而又在更广的范围内掀起了一股"棉织物热潮"。

棉织物热潮

印度纺织品（棉织物）的魅力首先在于其低廉的价格。而如此低廉价格的纺织物又为何诞生在印度呢？原因就在于当时印度手工业者高超的技术水平与低廉的劳动力价格。

> 在印度能买到最便宜的商品。在英格兰相当于 1 先令（12 便士）的劳动力，在那里只需要 2 便士。……英格兰的劳动力价格远远高于印度，因此从经济效益来看，在英国制造纺织物的成品并不划算。

这是一段记载于 1700 年前后的史料中的文字。

东印度公司

自古以来，亚洲手工业者就具有高效的生产力：低廉的劳动力成本和优良的专业技术。而将这样的亚洲手工业产品以低成本的船运引入欧洲的，正是英国东印度公司。于是，在英国东印度公司的运营之下，棉织物热潮在17世纪70～80年代应运而生了。

1660年以前，在英国以及欧洲各地，人们一般只将棉织物作为家居用品，主要用作桌布、床上用品、窗帘以及其他装饰性物品。但从1660年英国的王政复辟时代起，棉织物制成的服装正式开始被人们接纳和使用。而1657年由克伦威尔领导的英国东印度公司的改组，则为这一时刻的到来奠定了基础。因为正是公司的改组创造出了低廉而高效的运输渠道。

采用棉织物制成的服饰，首先在与英国东印度公司高官关系密切的王公贵族中流行开来。而这一阶层的人在当时的英国社会可谓是引领时尚的弄潮儿。从印度舶来的印染着各式花样、条纹的棉布以其罕见的异域风情，一下子就获得了人们的关注。人们身着这些色彩优美夺目的印花棉布，正是为了表明其自身也是拥有与服饰相媲美的品质的绅士。那些过去满足于坚硬厚重而又单调的毛织物的妇人们，如今一个个都化身为用色彩斑斓的印度棉织物装扮自己的优雅淑女。

在塞缪尔·佩皮斯笔下，在这个时代，剧场观众席里的"贵妇们的服饰变得更加优美绚丽，其惊艳程度远远超过了以前她们改变服饰时带给我的感受"。日本的元禄时代开始于 1688 年前后，而英国几乎在与日本相同的时期同样地迎来了一股服饰的新潮流。

棉织物论争的爆发

这场论争发生在毛纺织业大国英国。让所有人都出乎意料的是，正是在这样一个毛纺织业的大国涌入了大量的东方棉织物。虽然英国东印度公司的贸易从 1660 年前后开始进入佳境，但是从英国满载着金银去购买印度的棉织物仍旧是其贸易的核心内容。可以说，正是印度棉织物的进口业及棉织物热潮，促成了东印度贸易在这一时期的日益繁荣，也令英国东印度公司迎来了前所未有的兴隆景象。

面对东印度公司的这种贸易方式，英国国内的毛织物生产者自然提出了批判与反对意见。他们认为，印度棉织物的流入是导致英国引以为荣的国产毛织物滞销的罪魁祸首。而且，除了印度棉织物，英国东印度公司还进口绢丝制品，因此当时刚刚兴起的绢丝纺织工业也遭到了沉重的打击。英国的绢丝纺织工业，是在为逃避路易十四迫害而远渡到英国的法国胡格诺派人士的技术支持下才初具雏形的。然而，在与低廉的亚洲绢制品的竞争中，这一产业却陷入了破产的危机。

17世纪80年代，随着棉织物热潮的升温，针对东印度公司的批判声也在各地日益猛烈起来。这一时期，英国东印度公司的竞争对手——利凡特公司也参与到了反对英国东印度公司进口棉织物、绢制品的运动中。不过，其中最为尖锐的批判声、反对声，还是来自那些与毛织物、绢制品工业有直接关联的人。

于是，在17世纪末，"棉织物论争"便随着棉织物热潮的升温一并爆发了。准确而言，"棉织物论争"在17世纪90年代达到白热化，1720年前后进入尾声。而英国东印度公司与反对派之间，围绕英国东印度公司运作的印度棉制品（棉织物）的进口与使用所展开的小册子大战与示威运动等，则被称为"棉织物论争"。

小册子大战，曾在1620年因英国东印度公司出口白银的问题在英国爆发。但相比之下，这一次的规模则更加庞大，众多经济时评家都参与到了这次论争当中。1620年，以托马斯·孟（Thomas Mun）为代表的重商主义思想家在论争中诞生。而这一次论争爆发后，重商主义者再一次积极地崭露了头角。

支持英国东印度公司进口棉织物的人士有乔西亚·查尔德、查尔斯·戴维南特（Charles Davenant）等，持反

对意见、站在重商主义立场上的有约翰·波莱克斯芬
（John Pollexfen）、约翰·卡里（John Cary）、普林斯·巴
特勒（Prince Bulter）等人。

小册子大战

在围绕棉织物问题的论争中，具体制造了社会舆论的
是一群应称为经济时评家的人士。他们首先将自己的观
点写在数页或数十页的小手册上，在咖啡厅等地点分发。
其他反对他们的人，也会将自身的批判观点印刷成小手
册。通过这一方法，他们最大限度地获取了人们的支持，
最终成功地向下议院提交了意见书，甚至还进入了立法
程序。

这种督促立法的形式在 17 世纪末的出现，反映出当
时的英国已发展为一个民主国家。而光荣革命的完成以及
以议会为中心的政治最终进入轨道，则是促成这一形式成
立的历史背景。

虽然我们还不能断言这是一个完全现代化、民主化的
时代，但是，有关王室、上下议院的政治斗争以及经济斗
争等各种围绕利益争斗的激烈言论，在这些小册子里早已
是司空见惯的题材了。小册子不仅为我们提供了东印度公
司以及贸易史的资料，同时也是了解那个时代和社会面貌

的极好史料。

当时共有超过 100 种的小册子出版发行，论争内容大致如下。

首先，存在以下针对东印度公司的批判。由于印度产品的价格低于英国，所以人们争相购买，大量金银也随之不断流入印度。其次，输入的印度产品并没有再出口到其他欧洲国家，大部分都在本国消费，这导致英国制造业濒临毁灭。诺里奇、坎特伯雷两大城市的工业都受到了严重冲击，贫困居民人口增多、救济税金增长、织布工人抗议的问题层出不穷。最后，由于印度产品的泛滥，人们对毛织品的需求趋于减少，最终导致原毛及其相关产品价格下跌，产品销售额甚至低于地租。

面对这些批判声，东印度贸易的拥护者提出了以下主张。由于在东印度贸易中进口价格低廉的产品，英国的产品价格降低，产品销售市场因此随之扩大，继而这又反过来壮大了制造业的规模。因此，开展东印度贸易，无疑是提高就业率最值得期待的途径。同时，拥护者还主张，"东印度贸易创造了巨额财富，这些财富拓宽了原有工业产品的销售渠道，并为英国引入了新的制造行业与职业种类"。

参照日本当今贸易与国内工业之间的关系，我们很难定夺双方的论争孰胜孰负。但无论如何，可以说在经历了这场论争之后，英国人对于经济的见解与思考得到了进一步的深化。

棉织物禁止法

在对 17 世纪 90 年代大量进口印度棉织物的东印度公司的批判声日益高涨的风潮中，1690 年，《禁止穿着印度纺织品法案》首先被提上了议会的议程。虽然这一法案遭到否决，但是抗议运动并没有就此停止，那些投下反对票的议员甚至还受到了抗议者的威胁。不过，此后，由于数量更多的印度纺织品（棉织物）在 1698 年、1699 年被进口到英国，1700 年，《禁止进口棉织物法》在下议院获得了通过。

准确而言，这一禁止法的全称为《威廉三世第十一年及第十二年（1699～1700 年）奖励王国各制造业以提高贫民雇佣率的法律》，其大纲如下：

自 1701 年 9 月 29 日起，严禁在英格兰王国、威尔士以及特威德河河口的贝里克市内穿着或使用波斯、中国、东印度出产的任何绢制品，孟加拉织布和含有生丝、草本原料的纺织物，以及在这些地区经过彩染、单染、印染、着色，目前已输入或即将输入本王国的所有棉制品。

在此稍作解释，所谓孟加拉织布是指印度、孟加拉出产的条纹绢织物，而草本原料则是指印度产的植物纤维，也就是棉花或与棉花相近的原料。1701 年 9 月 29 日以后进口的包括棉织物在内的所有亚洲纺织品，一律要运往海关仓库，除了转销国外的情况外，一概不得搬运出海关。而海关没收的商品随后会被运往拍卖市场，接受再出口的强制性措施。以上便是禁止法所规定的内容。

此外，上述特威德河河口的贝里克市位于苏格兰与英格兰的交界处，常被商贩作为走私基地。由于这条法令颁发时，苏格兰是一个独立国家，特威德河属于哪一方的问题还不明朗。因此，法令特别针对这个地区做出了规定。

然而，尽管政府出台了如此详尽的禁止法，1701 年后，东印度公司进口的棉织物数量依然丝毫不减。不仅如此，1700～1709 年、1710～1719 年，亚洲生产的纺织品，包括棉织物在内的进口量甚至超过了 1690～1699 年的总体水平。

棉织物使用禁止法

1700 年的禁止法，对于没有经过单染、彩染、印染的棉织物，未做出任何规定。于是，由于白色棉织物不属于法律禁止的对象，大量白色棉织物涌入了英国，英国的棉织物染色、印染产业反而由此发展壮大起来。同时，棉纱的进口贸易也再度繁荣起来。

1708 年，丹尼尔·笛福（Daniel Defoe）曾这样描述道："棉织物无声无息地潜入了我们的家庭、房屋、寝室，从窗帘、靠垫到椅子，甚至床，棉织物已无所不在。"棉织物的使用，如同黑死病（鼠疫）的流行与扩散一般，越发普及起来。

为反对棉织物的进口，斯皮塔菲尔德（Spitalfields）地区的大约 2000 名纺织工人发起了抗议运动。1719 年 6 月 11 日，这场抗议转变为暴动，声势一步步逼近伦敦。由于棉织物常是人们用于制作夏季服饰的布料，因此一到 7～8 月，就会发生因穿着棉织物服饰而遭到侵扰的事件。有时，如同鹧鸪被拔光了羽毛一样，身着棉织衣物的人会被扒得一丝不挂，光溜溜一条。甚至，还发生过擅闯民宅揭发房主持有棉织物的事件。

除了斯皮塔菲尔德地区，在诺里奇、坎特伯雷这样绢织物和毛织物工业发达的地区，也不断涌现出失业者的身影。对于织布工人而言，棉织物的进口自然就成了侵害他们生活的最大威胁。

在这一背景中，1720 年《禁止使用棉织物法》被提上议程，并获得了通过。其内容如下：

　　乔治一世七年（1720 年），为了维护、奖励王国的毛织物和绢织物工业，自 1722 年 12 月 25 日起，

> 严禁将一切经过印染、彩染、着色、单染的棉织物作
> 为服装、室内装饰品、用具来穿着或使用（存在例
> 外），以此进一步提高贫民的雇用率。

同时，法令还规定，凡违反此法而被判有罪者，必须支付 20 镑罚金。

但是，法令也规定其中"存在例外"。所谓"存在例外"是指，平纹细布、围巾、棉亚麻混纺粗布、单色深蓝棉织布不适用于此法令。棉亚麻混纺粗布由于是一种由棉花、麻、羊毛混织而成的布料，在英国国内也有制造，因此未被列入禁止使用的名单。然而，在法令颁布之后，仍不乏印度纺织品假借蓝色棉织布、平纹细布之名流入英国。于是，来之不易的《禁止使用棉织物法》，也就沦为了一部贯彻不严的空头法令。

棉织物的使用给"王国的毛织物和绢织物工业带来巨大损失"，同时造成了以此为生的人及他们家庭的破落与衰败。为解决这一问题，国家相继颁布了棉织物的"禁止进口法"和"禁止使用法"。但是，这两部法令最终都沦为人们阳奉阴违的空头法令。究其原因，这还是因为"东印度公司"在英国政界隐藏的势力。我们不应淡忘的是，议会中尤其是在上议院中，不少人都与英国东印度公司保持着密切的关系。

4

规模庞大的股份公司

商业革命

让我们回溯到第三章开头所叙述的时代，那是一个欣欣向荣的时代。正因如此，在我们所说的棉织物热潮中，才出现了印度棉织物舶来品大量涌入英国而英国也有相应需求的历史现象。翻阅任何一部英国经济史的研究著作，都会发现那里有关于王政复辟时代（查理二世和詹姆斯二世，1660~1688年）英国经济蓬勃发展的描述。

新建的房屋在城市和乡间不断涌现，造船业走向兴旺，农业改革也一帆风顺。这一时代虽然爆发了与荷兰间的战争，伦敦发生了大面积的火灾，还出现了黑死病的流行，但总体而言，是一个人民生活水平不断提高、物质繁荣的时代。根据当时的统计，1665~1688年，英国国民的收入上升了8%，整个国家的财富更是增长了23%。

但是，如此蓬勃的经济发展势头的原动力从何而来？

答案无疑是海外贸易的扩张。可以说，海外贸易正是支撑当时英国经济发展的主导产业。通晓经济学的格雷戈瑞·金（Gregory King，1648—1712）也曾这样阐述：大商人和海上贸易从业者在提高人均年收入方面发挥了巨大的作用。

一般而言，英国从 1760 年前后步入工业革命进程，迎接工业化时代的到来。此前的一百年则是海外贸易迅猛发展的时代，史称"商业革命"时代。而"棉织物热潮"、"印度热潮"爆发的 17 世纪后半期，则相当于"商业革命"时代的开篇序曲。而且，这个时代的跨国贸易，尤其是与欧洲以外的其他大陆之间的国际贸易，以突飞猛进的势头不断发展与壮大。例如与美洲大陆、非洲大陆之间的贸易便是如此，而与亚洲大陆之间的贸易规模也显著扩大了。

作为商业革命时代风潮的象征，这一时期，英国有三家贸易公司博得众望，成功地创建了股份公司。这些公司的名称分别为"皇家非洲公司"（Royal African Company）、"哈德逊湾公司"（Hudson's Bay Company）以及"东印度公司"。由于拥有巨额资本，它们被称为三大贸易公司。

哈德逊湾公司在 1691 年时拥有 4 万镑以上的资本，皇家非洲公司拥有 111100 镑资本。同年，东印度公司

的资本则达到 730782 镑，列居大规模贸易公司的榜
首。

商业革命与东印度公司

英国商业革命从 1660 年持续到 1760 年，横跨了一个
世纪。在这期间，东印度公司的贸易规模也稳步扩大。进
口产品中除香料、胡椒、棉织物之外，还有咖啡、茶叶
等，种类更加多样化。从进口金额而言，如按照这 100 年
的平均值计算，贸易额以每年 7493 镑的金额持续增长。
而就增长率而言，则是以 2.3% 的速度逐年升高。

出口方面，有毛织物、铜、明矾等产品，但是，由于
欧洲产品在亚洲难以畅销，因此这一时期，金银的输出以
压倒性的份额成为出口贸易中的主要产品。可以说，将从
新大陆美洲流入的白银带到亚洲，再使用获得的收入来购
买棉织物等亚洲商品——这样的商业模式已成为 17 ~ 18 世
纪印度贸易的特征。但不论方式如何，与出口额的增长几乎
同步，进口额也相应增长，呈现平均每年 2.8% 的增长率。

然而，在这百年中，东印度公司的贸易扩张最为显著
的时期，还是我们接下来要考察的以 17 世纪 70 年代为中
心的王政复辟时代。商业革命的整个进程中，虽然屡次发
生诸如战争、饥馑、海难等难以预知的天灾人祸，但东印

度公司的贸易一直保持着不断壮大的势头。

其中在王政复辟时代，它的发展尤为令人瞩目。从显著的经济增长率来看，它超越了其他任何一个时代。首先，进口额以平均每年 2543 镑的数额增长。如果用百分比来表示，年增长率则为 14.4%。出口额虽然略低于此，但同样也呈现明显的增长势头。当然，上述人们对棉织物、印度纤维的需求热潮，无疑与这一贸易规模的扩大有着相对应的关系。

由于每年浮动巨大，单列某一特定年份的贸易额很可能会让人一叶障目、难以把握正确贸易形势。在此，让我们首先看看克伦威尔施行改组七年后——1664 年的贸易成交量：出口额为 118362 镑，进口额为 138278 镑。而在 20 年之后的 1684 年，出口额为 488709 镑，进口额则达到了 802527 镑。简单计算便可知，出口额增长到了 20 年前的 4.12 倍，进口额则达到了那时的 5.8 倍。

于是，在英国政治史中被称为王政复辟的这一时期，同时也是东印度公司贸易迅猛发展的时期。在这样的时代背景下，商业革命便应运而生了。

巨型公司与高额红利

在上文中我们已经了解到，1601 年，英国东印度公司以 6 万 8373 镑的资本启动了它的"首次航海"。从那以后直到 1650 年前后的这段时间，东印度公司还以"合资公司"的形式统筹了数次远航。不过，每次组织远航时，公司都是以当即分配所有资产的"临时性企业"的身份来进行的。

虽然有时能够筹集到数量可观的临时资金，但是由于营业状况极不稳定，多数情况下的筹资总是难以按照计划顺利进行。

在英国资产阶级革命的共和政权下，克伦威尔与议会向东印度公司发出指示——建立一个期限更为长久的"合同合资体制"。于是，1657 年，东印度公司终于建立了公司雏形，正式进入发展轨道。它摈弃了每一次都要分配资本的制度，采用仅将盈利额分配给股东的红利（股份利润）制度。

通过这次改革，"股份"第一次变身为具有营利性质的可自由买卖的证券。虽然当时还没有等额股份的规定，但股票的流通由此变得极其简单了。

采用红利制度确保公司法人长久化、安定化的方法，虽然是对荷兰东印度公司做法的模仿，但 1665 年，英国东印度公司又创建了"公司职员有限责任制"，使公司具备了现代股份公司的特征。由此，股东仅对投资金额和红利承担责任，在公司出现亏损的情况下，其私有财产不会受到影响。

当时恰逢东印度地区贸易伴随"棉织物热潮"不断繁荣发展的时期，于是，东印度公司便成为人们极好的"投资对象"。根据 K. N. 乔杜里（K. N. Chaudhuri）的统计，1666 年东印度公司按 40% 的比例进行分红，1671 ~ 1674 年，利润的分配比例更高达 90%。

在此后一段时期内，东印度公司暂时未再分红。不过，1677 年的 3 月、10 月，它又分配了合计为 40% 的利润，1679 年的利润率也保持在 40%，1680 年达到 50%，1681 年为 20%。

1671 ~ 1681 年的 11 年间，公司的红利总额达到了总利润的 240%，年平均比例为 21.8%。此后至 1691 年的 10 年间，公司又分出了 450% 的利润，年平均比例大约为 17 世纪 70 年代的两倍，高达 45%。而 17 世纪 70 ~ 80 年代正是东印度公司创立以来贸易最为繁荣的时期，因此，自然出现了上述情况。

公司的资产增长和红利

英国东印度公司的这种繁荣景象以及向股东分发高额红利的情况，其背后存在着以下这些历史事实。1657 年，克伦威尔为了将东印度公司改组为永久性公司，计划向外界募集数额为 739872 镑的资金。但是，由于当时东印度公司的经营状态萎靡不振，并且国内的经济状况也不容乐观，投资者寥寥无几。因此，克伦威尔领导下的东印度公司，只好在 1659 年凭借其千方百计募集而来的 369891 镑资金开启了它的商业航路，而这一金额仅达到了最初预算的 50%。

不过，根据公司创立七年后 1664 年的统计可知，公司起步后的经营状况呈现良好势头，资产增长到 495735 镑，并在此后也保持了上升趋势。七年后，1671 年的纯资产估算额为 608837 镑。而在统计更为精确的 1678 年，其资产额则达到 798041 镑。第四个七年之后的 1685 年，其资产额上升到 1704322 镑。在这一时期，东印度公司逐渐发展成为一个资产雄厚的巨型公司。

如前一节所述，17 世纪 70 年代，东印度公司的红利比例的年平均值为 21.8%，80 年代达到 45%。数字的变化恰好反映了当时东印度公司纯资产的增长。这是因为贸易额逐年递增，公司资产也就如文中所述的那样不断累积，东印度公司分配给股东的红利自然也会相应增多。

所谓股份公司的红利，原本应相当于赢利、净利。因此，高额的红利也就意味着公司斐然的营业成果。17 世纪 70～80 年代的东印度公司支付了相当高额的红利。那么，足以支付如此之多红利的公司，其实际的纯利润额也必然是一个可观的数字。至少,这是一个很容易得出的推论。不过,实际的情况却并非如此。

当时的东印度公司根本无法区分哪些利润应为纯利润,哪些利润应充作商馆经费和购买船舶等的费用。

公司虽然每隔七年就派遣会计进行资产数额的统计,但是,这七年间的营业状况、借款利息的支付情况、船舶在战争中的受损问题,以及停止向国王返还贷款而造成意外损失时应当如何补救的问题——诸如此类的许多问题都处于待解决的状态。

公司没有设置用于商品降价和销毁、借款偿还、商馆维修等方面的预备资金。此外,伦敦的会计师与驻印度的会计师在统计方法上也大相径庭,因而,在当时很难得到正确的收支统计数字。

股份、红利与投机主义

1912 年,W. R. 斯考特(W. R. Scott)完成了一部关于这个时代的贸易的巨著,并计算出英国东印度公司在 1678 年大约有 100 万镑未分配的巨额利润。不过,这一观点是否完全可信,却仍旧存疑。最近的研究者甚至提出了这一时期东印度公司是否真正盈利的问题,但就现在的研究进展而言,这一问题的答案还无从揭晓。

考虑到印度当地商馆与堡垒的营建，以及为应对在东印度地区与外国船舶的纠纷而进行的船舶设备强化和重装化都花费不菲，并且这些经费也在与年俱增的情况，那么，即便东印度贸易处在经济繁荣的时代背景下，其是否赢利的问题也仍旧显得扑朔迷离。

但是，由于东印度公司的股份配有高额的红利，因此公司的股票在这个时代聚集了越来越多的人气。在稍后的时代里，丹尼尔·笛福（Daniel Defoe）写道：

> 股票的价格与其本身的价值毫无关系，同时也与公司的实际营业内容毫不相干。所以，时常发生公司亏损但股票价格反而上涨的情况，也不乏船舶满载着畅销产品归航、股票价格却下跌的情形。

丹尼尔·笛福诚然道出了股票的真谛，同时他关于17世纪70～80年代的东印度公司的高额红利的观点也十分符合实情。

在这一时期的伦敦，"股票交易"才刚刚起步。约翰·霍顿（John Houghton）在其1693年发行的关于"股份交易"的启蒙型报纸中写道：

> 股票的收购与出售是当今新兴的大型交易之一。

恐怕了解此事的人还为数不多，因此特发此文。

当时，不论是在伦敦，还是在阿姆斯特丹，大部分民众都还对具有投机性质的股票交易怀有不信任感。在这种氛围中，东印度公司的股票却很快被运作成商业投机对象，不论其经营状况的好坏，一直大受好评，并且还带有公司红利的附加值。

八大股东

约翰·霍顿发行的《霍顿报》是一份报道股市行情的报纸，在伦敦证券（股票）交易所，以及林立着卡洛韦咖啡厅（Garraway's Coffee-House）、乔纳森咖啡厅（Jonathan's Coffee-House）等的股票交易街受到人们广泛的青睐与好评。由此我们可以窥见伦敦的股票交易在 17世纪末至 18 世纪初的蓬勃景象。

其中，17 世纪末最为引人瞩目的是东印度公司的股票。伦敦的金融业者和投机业者，无不为购买东印度公司股票等优良股趋之若鹜。

东印度公司的贸易在这一时期十分兴旺发达，公司的组织结构也日益现代化。不过，关于遥远亚洲的信息以及船舶航运的情况，却还充满着许多人们无法预计的因素。同时，公司的营业状况也仍旧存在不少难以评估的不透明因素。于是，在这样的背景下，出现了一些投机者通过大量购买东印度公司股票来炒作股价、牟取暴利的现象。

虽然有为数不少的投机者倒卖东印度公司股票，但东印度公司的最大股东还是乔西亚·查尔德爵士。这位权倾伦敦的实业界头号人物，在1691年4月已拥有价值为51150镑的东印度公司股份。包括查尔德在内，东印度公司共有八位大股东，每位都拥有1万镑以上的东印度公司股份。

按照持股多少的顺序列举，这八位股东的姓氏与所持股份的金额如下。位于查尔德之后的分别为：托马斯·库克爵士（Sir Thomas Cook，40850镑）、约翰·穆尔爵士（Sir John Moor，25009镑10先令）、威廉·兰霍恩爵士（Sir William Langhorne，18200镑）、杰米瑞·桑布鲁克爵士（Sir Jeremy Sambrooke，17750镑）、詹姆斯·爱德华爵士（Sir James Edward，15500镑）、理查德·哈钦森（Richard Hutchinson，13950镑）、约瑟夫·哈恩爵士（Sir Joseph Haan，12938镑6先令8便士）。

以上数额，合计超过195347镑，而当时支付到东印度公司的股金总计739782镑。也就是说，仅仅是这八位股东就坐拥了东印度公司四分之一以上的股份。这一时期，东印度公司的股东共有 467 位，但是，公司的股票价格很可能完全是由这八大股东来操纵控制的，同样，公司经营也由他们进行统筹。

博弈气氛浓厚的股票交易

在 1657 年克伦威尔实施改革之后，严格而言至少是在 1665 年明确立法之后，东印度公司正式确立了社员的有限责任制。一般认为，东印度公司由此步入了现代股份公司的行列。

虽然公司制定了具有法律效力的明文规定，但是，在此后的现实中仍旧存在着许多问题。在东印度公司甚至发生了禁止股东出让股份以及不允许股东收取红利的情况。公司还根据特许状，将没收或抵押欠款人财产的权力正当化。因此，在这种情况下，很难断言公司每位股东的民主权利都得到了充分的认可。

17 世纪 70~80 年代，股票交易多在当事人之间秘密进行。虽然当时已经出现了股票交易的中介行业，但是这个行业还处于原始阶段，多数情况下，股票倒卖是由商人、掮客在工作之余来进行的。

既公开又有组织性的股票交易在当时还未形成，并且，交易的场所也很分散。因此，股票的交易价格常不为人知，出售价格和购入价格存在较大差距的情况也屡屡发生。除非是拥有相当商业知识或与商业从事者有密切关系的人，否则很难涉足股票的交易。

虽然说股票已成为信用度很高的投资对象，但是投资股票仍具有浓厚的博弈性质。仅仅数周之内，有时甚至是在数日之内，股票价格就会发生翻天覆地的变动。1683年就曾发生过股票价格因印度传来的负面消息在仅仅三天之内就一落千丈的事件。

多数情况下，不论公司经营状况如何，普通的投资者会长期持有股份。然而，投机者会为赢得更多的资金收益而四处活动，稳定的股息是难以令他们满足的。

> 股票交易行业到底应当雇用哪些人，改良哪些制度，又如何推动商业的发展？而我们对股票交易中介者的全部了解，就只有他们所进行的那些不正当交易。尔虞我诈，你争我抢，乘虚而入，相互蚕食……股票交易从业者们，通过无数的欺诈之术抬高了各种股票的价格。

这是登载在1706年某本杂志上的文章片段。在17世纪末到18世纪初之间，为追求更多资金收益的投机活动，进一步兴盛与活跃起来。而这种投机主义的动向，早在王政复辟时代就已经在东印度公司及其周边的领域初现端倪了。

无冕之王——乔西亚·查尔德

在这样的历史背景下，通过操纵东印度公司股票获利最多的人是大股东乔西亚·查尔德。拥有公司大量股份的他，以东印度公司总裁的身份控制着公司的运营。同时，他又通过捏造虚假新闻、雇托儿散布假新闻的手段，达到了自由操控股票价格的目的。据说，他通过在股价最低时购买股份，又在股价最高时售出股份的方法，累积了不可计数的财富。

1630年，他诞生在一个伦敦商人家庭，最早以学徒身份跟随朴次茅斯的一位商人积累经商的知识与经验，后来凭着经营啤酒酿造业以及为海军提供物资，赢得了人生的第一桶金。不久后的1658年，他当上了朴次茅斯市市长；在王政复辟之后，依旧持续着积累财富的活动；1672年，由于得到了为海军供应粮食的生意订单而一跃步入了富商的行列。

他与东印度公司之间的关系也开始于这一时期，他于1671年入股，1674年被选举为董事长，1681年成为公司总裁，并在其后的10年间，以总裁或副总裁身份主宰着东印度公司的各方面事务。

作为同时拥有金钱与权利的实业家，他专制的管理方式在伦敦的金融界引起了一阵不小的轰动。他不仅与金融界，而且与国王、宫廷势力也保持密切的关系，甚至被称为"无冕之王"。在他的黄金时代——17 世纪80 年代，他通过每年向国王敬赠 1 万畿尼（1 畿尼为 1镑 1 先令）的财物而博取了国王的欢心。于是，在国王及宫廷的支持下，他将东印度公司变成了自己的掌中物。

赠送给国王的厚礼以及他在豪宅贵族般的生活，无不建立在其操纵东印度公司股票进行投机交易而聚敛来的财富基础上。全盛时期的查尔德，在印度和英国分别设置了为其搜集情报和制造、散布谣言的下属。例如，以下的事例就反映了当时的这一情况。

收下查尔德聘金的掮客，做出一副惊恐失措、战战兢兢的神情，向大家暗示着：他收到了一个坏消息——东印度公司在孟加拉的商馆被来自印度的 10万异族人袭击了。接着，这个掮客又开始出售股票，总价值达 2 万镑。于是，整个交易所便陷入了股票抛售的混乱之中。没有人愿再出 1 先令购买股票。股票价格眼见着就下降了 10%、12%。

这时，查尔德又雇人快速地进行股票的秘密收购。在购入近 10 万镑的股票之后，他坐等股价的攀升。通过这一手段，查尔德成功地让股价在 35 镑到 150 镑之间上下浮动，进而聚敛了一笔巨额的财富。而他所获得的恶名"肮脏至极的贪财鬼"也可称得上是实至名归了。

光荣革命

查尔德及其支持者的专横态度，不免引得东印度公司内外怨声载道。然而，查尔德以进献高额财物的手段与王权紧密结合在了一起，因此人们的批判声往往都逃脱不了被扼杀的命运。

在 1688 年爆发的光荣革命中，国王詹姆斯二世的统治被推翻。于是，反对派便乘胜追击，向东印度公司展开了全面的进攻。他们在议会上向新国王威廉三世提出请愿书，要求解散查尔德等人支配的公司，建立一个全新的东印度公司。提出建立新公司申请的托马斯·帕皮伦（Thomas Papillon）等人，通过下议院在整个 17 世纪 90 年代一直持续着对旧东印度公司的攻击。

最终，1698 年 9 月，名为"东印度贸易英国公司"的"新公司"正式创立了。而查尔德等人控制的旧东印度公司，则在光荣革命爆发后的 10 年间失去了王室特权的庇护，由于反对派的连连攻击而深陷苦境，昔日在贸易营业方面的权威也一步步丧失殆尽。

给旧东印度公司贸易带来重创的，除了查尔德反对派托马斯·帕皮伦等人创建承办发行股票的联合银行加入贸易竞争的因素以外，还有非法商人四处活跃的历史背景。然而，对于旧东印度公司而言，给其造成致命性打击的历史事件实际上是与路易十四统治的法国之间的战争（奥格斯堡大同盟战争）。正是这一事件的影响，17世纪90年代，旧东印度公司的贸易萎靡不振，甚至被人断言已危在旦夕。

概而言之，旧东印度公司17世纪80年代的进口额达380万镑以上，而90年代时却下降到173万镑，不及80年代的一半。

其中，印度棉（棉织物）在17世纪80年代的年平均进口量为76万匹，在90年代时下降到每年231000匹。而在这样一个进口低迷的17世纪90年代，上文中叙述到的"棉织物论争"反而更加如火如荼，重商主义者要求保护本国贸易的主张也在这一时期变得更为响亮。

当时，不仅旧东印度公司的贸易状况如此，英国整体都呈现经济不景气的倾向。不论是棉织物论争，还是重商主义论争，可以说都是经济萎靡状况下的历史产物。

两大东印度公司

总之，为了对抗查尔德等人的旧东印度公司，1698年"新东印度公司"成立了。国王威廉三世随即宣布三年后将取消旧东印度公司的特权。但是，旧东印度公司的经营状况在1700年前后已经得到改善，于是，这一时期出现了两家东印度公司并立的局面，不久后两者被合并为一家公司。

1702年7月，两公司与国王之间达成协议：到1709年为止，双方应以平等的身份参与东印度地区的贸易。新、旧东印度公司分别派出相同人数的委员，由他们组成管理委员会来负责管理公司的贸易经营。

虽然如此，新、旧两大公司的并立仍在印度当地埋下了纷争的火种，出现了双方对立抗争的情况。不过，新公司在设立印度商馆以及向当地派遣员工的事项上也屡屡遭受挫折。虽然它的存在给旧公司带来了威胁，但最终考虑到和解与妥协才是上策，新公司加入了1709年3月创立的"联合东印度公司"（英国商人对东印度贸易联合公司）。

联合公司采纳了新东印度公司的意见，从成立初期起就开始限制大股东的支配权，确立了每位股东都拥有投票权、参加股东大会权利的体制；同时，为了使公司运营实现现代化、民主化，还设立了明确的法规，强化了股东大会的重要性。1713 年的股东大会又正式决定：总裁和副总裁不参加股东大会，取而代之由董事长（议长）和副董事长（副议长）出席股东大会。

历经以上种种改革后最终诞生的联合东印度公司，正是一直存续到 1858 年的英国东印度公司。

K. 马克思曾写道，东印度公司的创立时间为 1702 年。这是因为在马克思看来，由于创建了民主股东大会体制的新东印度公司（1702 年成立）是联合东印度公司的前身，所以 1702 年才是 19 世纪时倒闭的东印度公司的创立之年。而西村孝夫的《英国东印度公司史论》（大阪府立大学经济学部出版），则将 1709 年联合东印度公司的开端看作它"本史"的起点。

如果将东印度公司的成立时期定义在 18 世纪初，那么，教科书等关于英国东印度公司创立于 1600 年的说法，就变得毫无意义了吗？笔者认为，为了对抗荷兰东印度公司，英国东印度公司早在 17 世纪就展开了贸易活动，并在棉织物热潮等爆发的 17 世纪 70 年代以及进口业兴盛的 80 年代，获得了长足的发展，因此，绝不应忽视"1600 年创立说"所包含的意义。毫无疑问，正是凭借着 17 世纪所积累的经验，东印度公司才能在 18 世纪创建起一个具有现代特征的公司体系。

5

公司的体系与进口商品

联合东印度公司

的确，英国东印度公司的历史始于 1600 年获得伊丽莎白一世授予的特许状，然而，它具备了作为股份公司的稳定性则是在 1657 年克伦威尔领导的时代。但是，此后又出现了诸如乔西亚·查尔德这样的独裁者，他们几度出任总裁、副总裁，任意操纵公司的贸易与股价。因此，严格意义上，还很难说东印度公司的现代股份公司体系已经完备。

公司体系逐渐完备并进入稳定期，是在新、旧两大东印度公司实力相互接近，继而正式成立联合公司的 1709 年。

起步阶段的联合东印度公司，在英国国内和印度当地确实都遇到不少棘手的问题。不过，这些问题最终都被逐个击破，一套支撑着公司持续发展到 19 世纪的组织体系被确立了起来。

当时有待解决的问题涉及各方面的细枝末节，诸如：董事权限的处理方案、股东权利的认可范围、促进公司事业发展的决策制定、防止滥用公司印章的对策、股东大会决议的记录方法，以及股东大会的召集方式等。

联合东印度公司在很大程度上继承了新东印度公司的许多行事章程，但是在这一基础上起步后的联合公司也形成了其自身的新特点——股东们开始拥有更大的权力。虽然公司的经营由24位公司董事掌控，但是在伦敦"印度馆"中占据最核心地位的机关还是董事会和股东大会。

然而1784年，由于《皮特印度法》的出台，政府及议会监督统制东印度公司的权力被大幅度强化，股东大会的话语权遭到严重的压制。这一印度法规定：自此以后，股东大会无权否决由董事会提出并得到"印度总督"认可的提案。股东大会的否决权被剥夺了，不过，股东仍可以通过各种形式向董事会提出其所代表的大众的意见。因此可以说，联合东印度公司的启动代表了民主股东大会从此登上历史舞台，这也是它得到历史学家们关注的原因。18世纪末期，甚至有人用"人民评议会"这个词来评价当时"股东大会"的性质。

民主的股东大会

"人民评议会"这一评价体现出在股东大会上不论是英国人、法国人还是美国人，凡是普通市民，彼此间便一律平等。虽然当时还处于 19 世纪以前，但是宗教信仰的不同并没有构成任何问题。犹太人、土耳其人或是原始偶像崇拜者的身份差异根本无人问津，而性别之差也毫无关系。凡购买东印度公司的股份者，都可被称为股东，并拥有参加股东大会的权利。

股东大会每年于 3 月、6 月、9 月、12 月召开，共计四次。其他情况下，如出现特别需要，可通过董事申请或九名股东的联合申请临时举行。大会的举办场所是伦敦印度馆内的会场。参会者们在上午 11 点集合，不过会议一般到正午左右才正式开始。董事，包括其中的议长、副议长，列席于会场一端的"栅栏后"，面向股东。而股东们则环坐在对面阶梯状的座椅上。

至少在 1784 年以前，股东大会都一直拥有对董事会所做决策的否决权。因此，在相对而坐的双方之间常常会出现长时间针锋相对的讨论。每场股东大会平均有 200～300 名股东出席。在讨论重要议案时则会有将近这一数字两倍的人数参加，会场内可谓挤得水泄不通。

股东大会最重要的职能是选举出 24 名董事。在股东大会上选举出的董事会将成为执掌东印度公司经营的管理机构，因此这一选举有至关重要的意义。成为董事的基本条件是首先必须拥有价值 2000 镑以上的股份。也就是说，股东们是从拥有 2000 镑股份并渴望成为董事的人选中，通过投票来选出公司董事的。董事选举，于每年 4 月第二个星期四召开。

不过，当时并不是所有股东都拥有平等的投票权。一些股东虽然有股东大会的出席权，但并不拥有投票权。而持有 500 镑股份的人，则仅仅拥有"举手"投票权。能够使用不记名方式投入一票的股东，必须要有价值 1000 镑的股份。因此，500 镑的持股者，如果不能两个人凑在一起，就很难参加董事的选举大会。

大股东的情况是持 3000 镑者可投两票，持 6000 镑者可投三票，而持 10000 镑以上者则拥有投四票的权利。

董事会

负责管理联合东印度公司经营的是由 24 名董事构成的董事会。在此之前，除了 24 人以外，还曾设置总裁和副总裁，以压制理事（相当于以后的董事）的权力。但是，从 1709 年起，董事会的管理机制转变为：先从董事中选出代表（议长）与副代表（副议长），通过董事们相互协商的方式来筹划和管理公司的经营。

以往，公司在利益驱动下仅以小数额的奖金犒劳理事，但从 1709 年起，对董事也开始实行薪水制，明文规定必须每年支付董事 150 镑的薪水。

关于这 150 镑的薪水，一般认为其中的 100 镑是对于出席股东大会以及在大会期间的工作所支付的酬劳，而剩下的 50 镑则是参加下文中叙述的各种委员会议的补贴。150 镑的金额在今天虽然微不足道，但是在当时则相当于或高于中层阶级人士一年的收入。

正如下文所述，1757 年起，东印度公司由巨型商业公司逐渐转变为统治印度各地的权力机构，与此同时，它也终于成为一个产生巨额利润的完全盈利的公司。

于是，越来越多的人渴望获得掌控公司运营的董事职位，激烈的竞选活动便随之开始了。由于董事候选的竞争者，只有在此前的董事去世或者董事所持股份金额下降到 2000 镑以下而失去董事资格的情况下，才有机会达成他们的愿望。所以，围绕董事席位的竞争就自然变得分外激烈。

"争取大家投票获得席位的尝试，就如同竹篮打水般毫无成效。"一位董事候选人不禁这样感叹。

虽然竞争十分激烈，但在 1757 年以前，东印度公司内部几乎没有发生过什么纷争。即使是在 1712～1739 年出现了像乔西亚·沃兹沃斯（Josiah Wordsworth）这样当选了一次董事会议长和五次副议长的人，公司里也没有传出人们的不满声。

这一时期，东印度公司商业项目的信用度不断升高。直到 1744 年为止，东印度公司股票一直被人们视为最佳的投资对象。想要从外部申请加入东印度贸易的人，一个个争先恐后地蜂拥到下议院门前。于是，东印度公司便宛如一艘坚不可摧的巨轮，平稳地徜徉在它的商业航线上。

种类多样的委员会

除了股东大会和董事会以外，公司还设置了由董事管辖的用以指挥公司运营的各类委员会，公司的各项具体业务都由这些委员会全权承办。伦敦总部（印度馆）的机构设置情况如此，而印度当地的孟买、马德拉斯、卡利卡特则分别设有管区长，各管区长之下设有管区评议会，当然其下还设置了各类委员会。

伦敦总公司内除了上述机构还设有事务局，印度各管区内的情况也与此一致，有几名职员在事务局负责处理业务。此外，在印度当地，各管区还指挥建立了地方性的附属商馆。

东印度公司

总公司的各个董事，首先分别隶属于多个委员会。统共七个委员会中，"通信文书委员会"为重中之重。它负责检阅从印度各管区发送来的报告书，并为董事会准备回执信函。

当时的情报收集不像今天"信息化社会"这般便利，即便只是几封信函也显得极为珍贵。诸如进口商品的产地现状和发展前景等，一切信息都要依靠当地发来的信件获得。准备回执时，还必须考虑商品在伦敦等英国国内的销售趋势。可以说，它是东印度公司经营管理的核心部分。为了判断信息是否正确，公司甚至还会委托私人机构去调查核实。

其次，"会计委员会"的主要任务是负责检查票据及各种费用证明单，以监督会计部门事务员的工作。

"采购委员会"是职掌采购出口到印度的各种物品的机构，进行铅、毛织物等物品的收购业务。

"私人贸易委员会"负责调整、监督公司职员的私人贸易和其他业务。

东印度公司在发展初期是通过建造本公司的船舶去发展贸易的，而在这一时期，它开始向船舶公司租借船舶来展开贸易活动。"船舶委员会"便是负责签订船舶租借协约的机构。

此外，公司还设有"财政委员会"，用以职掌红利、

利息的支出，其他各类借贷项目，金银的购买等。最后，
"仓库委员会"除了负责建筑物的改建、修建事务以外，
还职掌进口物品的保管等业务。

　　以上七个委员会，分别有九名董事以委员的身份出
任。最为重要的"通信文书委员会"由议长、副议长和
资历最老的董事参与其中，而"船舶委员会"、"私人贸
易委员会"则由资历稍浅者组成，并在其中选出一名董
事作为主要负责人。

事务局的正式员工

　　东印度公司是当时首屈一指的贸易公司，同时也是一
家巨型股份公司。那么，这样一个公司到底拥有多少员工
的问题便自然令人心生好奇。但是，由于它还不是现代化
的公司企业，因此没有关于从业人员人数的明确规定。

　　公司的业务经营由董事们亲力推进，对此，读者们通
过上文对各委员会的介绍已有一定程度的了解。但是，实
际上，支持各委员会展开业务的首先还是总公司事务局的
正式员工。

　　正式员工中首先包括秘书科职员，其次有会计科职
员。此外，监察科职员、出纳科职员、主任事务科职员也
隶属其中。而所谓属于伦敦总公司事务局的正式员工，就

是指这五科的职员。

正式员工的人数还有待明确。不过据统计，在稍后的年代中，如1784年，正式员工的人数为150人，1833年为300人。但是，这些数字都只是就职于伦敦印度馆的正式员工的人数。

此外，在印度当地，还有属于各管区的公司雇员。他们是文员、一般事务员、军官预备生、实习医生、律师、牧师、公司军队的军官等。在印度想要出人头地的年轻人，首先会在年轻时成为文员、军官预备生、实习医生，在未来的数年后，他们便应能够升级为一般事务员、军官或医生。

1793～1812年这20年间，共有40人被录用为文员，240人成为军官预备生，30人被任命为实习医生。关于这一点，笔者会在下文中再做阐述。而这一时期，如后文所述，公司正在为扩大支配领域，积极地在印度各地展开战争。因此，军官预备生的录用人数相对较多。

其次，让我们审视一下东印度公司在贸易活动中船舶使用的问题。18世纪初，公司的普通船舶配置为载重400吨的船舶。此后，大型船舶的使用逐渐增多。18世纪30年代，500吨位变为普通标准，而到了1775年前后，800吨位的船舶也开始普及。船舶的容积总吨数出现迅猛增长的情况屡见不鲜。而这些都是公司为应对棉织物、茶等产品的进口量增长而调整产生的结果。

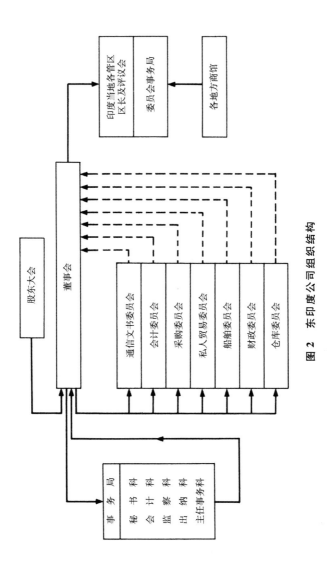

图 2 东印度公司组织结构

伦敦的拍卖会

东印度公司的商贸业务围绕香料、棉、茶等印度产品的进口以及它们在伦敦的销售而展开。虽然采购委员会负责采购出口到印度的产品，但由于面向印度的出口商品主要是金银及其他金属，因此出口金额并不惊人。到 1750 年为止，在东印度公司的出口商品中，金银及其他金属占到了总体的 70% ~ 80%。另外，用于出口的金属是由财政委员会负责置办的。

在输出金属及其他商品的同时，欧洲会从亚洲进口多种本国自古以来就不生产的商品。因此，如何将那些进口商品销售到欧洲其他地方，自然就成了东印度公司的重要课题。不过，上文所提及的各种委员会却并不负责进口商品的推销业务。那么，远渡重洋收购而来，又被搬运到伦敦的东洋货物，到底何去何从呢？

进口商品的销售环节最能为公司整体创造利润。然而，当时的东印度公司没有致力于直接涉足亚洲商品的消费市场。进口产品的销售业务被全盘交付给与公司有关的个体或者专业批发商承办，因此公司几乎从未以机构身份参与过产品的销售，也就未曾设置负责销售业务的委员会。

但是，自 1650 年起，东印度公司开始采取干预每年在伦敦举行的四次拍卖会的策略。参与拍卖会竞购商品的人，首先来自公司内部掌握实权的董事或其友人及熟人，其次是来自外国（欧洲各地）的商人及零售商。

输入的商品有时会被这些买家收购一空，甚至令东印度公司深感必须屯留一定数量的商品，以确保伦敦的棉织物和亚麻织物商店以及食品干货杂物店的营业。因为这些商店承担了将棉织物和香料零售给生活在英国国内尤其是伦敦的第一消费者的职能，而外国商人却曾经在货物短缺等情况下，将东印度公司输入的商品抢购一空。

总而言之，在 17～18 世纪，不论是面向海外的贸易商，还是面向国内市场的销售商，再或者是四处叫卖的行脚商，他们都在各自所处的位置上扮演了相应的历史角色。而在亚洲商品拍卖会上的各类人中，前两者尤其是两者中的前者，实力最为强大。

亚洲进口商品的销售

出任东印度公司董事的人，通常也与公司以外的势力保持着商业上的利害关系，因此，常有董事同时涉足对外出口行业的情况。当然，他们对作为法人的东印度公司能创造出更多的利润、发放更多的红利也总是翘首企盼，但与此同时，他们也想通过将公司进口的产品倒卖到欧洲其他地方、非洲或者美国大陆的消费市场来获取更多的利润。

除他们之外，来自荷兰、德国、东欧的贸易同行及商人也是伦敦的四季拍卖会的常客。这些人对远离伦敦的波罗的海地区和欧洲内陆各地的市场行情，可谓了如指掌。

例如，当地零售商的手头大概还剩下多少旧货、多长时间卖完、价格走势如何、消费者的消费观怎样——诸如这些问题的答案，他们无不了然于胸。由于德国和东欧内陆的多数河流会在冬季时进入结冰期，因此必须赶在这些河流冻结之前装运货物，而把握最迟的进货时间，对他们而言也都是易如反掌之事。

伦敦每年举行的四次拍卖会，实际上是为了解决印度货物的供给缺乏稳定性，会随季节变化出现巨大波动而制定的对策。东印度公司的船舶通常在 8 月或 9 月从印度返航。如果将运回国内的商品在夏季或秋季之前一次性在市场上拍卖出去，对公司而言，绝非上策。

将进口商品分散在一年出售的方法，不但可以避免价格急剧变化，同时也为买家预测市场行情提供了便利。在拍卖期来临之前妥善保管好一定数量的货物，便是仓库委员会的职责所在。东印度公司也是通过观察拍卖市场的状况来判断大众的需求和消费倾向，进而再向印度发送订货单的。

从亚洲进口的商品到底有多少被转销到其他国家，又有多少被消费在英国国内呢？

作为了解这一情况的线索，我们在此列举一例。比如，1699～1700 年，进口棉织物的数量约为 86 万匹，而其中的 51 万匹被再次出口到了外国。大致而言，三分之一的进口产品被消费在国内市场，二分之一进入欧洲各地，剩下的六分之一则出口到美国和非洲。

贸易商品的构成

17 世纪前半期，进口商品的大部分由胡椒、香料类物产构成，而从 17 世纪后半期起，胡椒等所占的比例开始下降，棉（棉织物）和绢的比重则不断增长。1664～1678 年的进口商品中，胡椒的份额占 15%～30%，而棉和绢的平均比例则达到 60%～70%。

进入 18 世纪后，这一进口趋势更加明显。纺织品在商品进口量上当仁不让地攀升到榜首，胡椒的进口比例下降到 7% 以下的低水平。而其中，18 世纪进口量突飞猛进的商品则当数茶叶和咖啡。这构成了 18 世纪东印度贸易的一大特色。

东印度公司

虽然茶叶在 17 世纪时还是微不足道的商品种类，进口额仅占整体的 1%，但在 1720 年前后突然增长到 10%，1747 年达到 20%，1760 年更增长到 40% 以上。

咖啡在 17 世纪的进口比例也仅占 1%~2%，1706 年增至 5%，1724 年又上升到 22%。咖啡的进口势头，令伦敦的咖啡厅生意也日益兴旺起来。

这种进口商品的增减倾向，也能在荷兰东印度公司的贸易形势中观察到。总体而言，东印度地区的贸易基本模式可以概括为：建立在欧洲贵金属基础之上的亚洲手工业产品的收购。至少在 18 世纪前半期之前，东印度贸易呈现了这样的特点。

一般而言，欧洲人对亚洲商品的需求多种多样，但亚洲人对购买欧洲物品的需求并非如此。虽然亚洲人缺乏购买力也是原因之一，但就普遍情况而言，主要原因还在于：在进入工业化社会之前，亚洲较之于欧洲，物资更为丰富，物产更加多样化。

在这一历史背景下，欧洲出口到亚洲的商品如下：不同质地的毛织物、其他轻薄类型的毛织物、珊瑚、铜、铁、象牙、铅、水银、锡及其他杂物。

相对于此，亚洲出口到欧洲的物品则如下所列：

陶瓷器物，咖啡，靛青染料（印度蓝），胡椒，明矾，生绢，孟买产纺织物、马德拉斯产纺织物、孟加拉产纺织物、中国产纺织物，茗茶、雨前茶①、松萝茶②（以上三者均为绿茶），高级红茶白毫，紧随其后的高级红茶正山小种，中国产红茶工夫茶，中国茶中的上品——当时为大众商品的武夷红茶。

以上便是欧洲主要进口的商品。

欧洲进口的商品中还包括钻石、沉香、安息香、豆蔻、绥贝、苏枋、紫胶（天然树脂）、砂糖、天然硼砂、印度产人参、麝香、没药、乳香等，多为一些令欧洲人心生梦幻的商品。

---

① 亦称熙春茶，屯溪茶的一种。——译者注
② 原产于安徽省黄山余脉的松萝山。——译者注

6

南海公司

1710年前后的东印度公司

经过 1702 年新、旧两大东印度公司之间的协调以及
1709 年的联合，东印度公司作为一个规范的贸易商社正
式踏上了它的商业征途。与此同时，公司组织进入现代
化、民主化阶段。然而，东印度公司的贸易并没有因此出
现去服务于国内生产者（所谓的产业资本家阶层）的利
益的急剧转变。东印度公司的组织虽然进入现代化，并且
成为一家稳定的股份公司，但是无论如何，它本质上就是
一个将商品交易作为全部经营内容的商社。总体而言，它
作为一个将亚洲生产的商品销售到欧洲各地的商业资本组
织，较之以往并没有丝毫的改变。虽然说是亚洲商品的销
售，但在这个时期，交通机构、运输手段还处在一个应被
称为"早期工业"的阶段，因此公司运营需要巨额的资
本进行支持。由于航海的过程漫长而艰辛，这意味着公司

不得不耗费大量的时间，同时也要承受种种风险。为了尽可能地降低商业资本的耗费，就不可避免地要依赖于政治权力的保护。献金于皇室，施力于议会，便是为此目的而展开的活动。

其间，联合东印度公司的创始年份 1709 年，正是英国和法国在西班牙王位继承战争中斗得不可开交的时期。此时，伦敦的商业界也深受银储备量不足问题的困扰。

虽然经济环境欠佳，但联合东印度公司成立后，仍旧凭借大众对其以往业绩的好评、政府和议会强有力的支持，促进公司的信誉度得到了进一步的提高。

笔者曾在上文提及，1691 年，当时的东印度公司拥有 739782 镑资本。而 1709 年，联合公司起步之际资本约达 320 万镑。

1709 年后，东印度公司的会计账目也更为明晰。就这一点而言，可以说它代表了具有现代特征的东印度公司的启程。会计年度从 7 月开始，到翌年 6 月结束。因此，1710 年 6 月的记录，便是公司起步第一年的会计账目。

蒸蒸日上的营业势头

公司主要的支出项目，摘列如下：对外出口商品、金属（金银财宝）、运输费用、与运输相关的其他诸多费

用、关税、用于支付印度开出的汇票的费用。1709～1710
年的支出金额，总计为 473727 镑。其中 94.1% 用于支付
以上诸项目的经费，其余用于支付亚洲和本国从业人员的
工资、干部的酬劳、馈赠、在印度的租金。应该说，各种
经费的项目条理清晰，非透明的经费支出已经消失。

其次，让我们看看被称为"受领金"的收入方面的
情况。受领金几乎都来自从印度进口而来的商品销售额，
而其他则来自繁杂的贷款或后期支付账款等若干项目。
1709～1710 年的受领金合计为 826033 镑，其中商品销售
额占据了 80 万镑以上。

简单计算上述结果可知，1709～1710 年东印度公司
的收益为 352306 镑。对比 320 万镑的总资本，纯利润占
到了 11.1%。

东印度公司董事会从超过 35 万镑的收益中抽出
265657 镑，在这一年以红利形式分配给了股东，其金额
相当于总资本的 8.3%。因此，1710 年的资金仅剩下
86649 镑，在启动下一项业务时就出现了流动资金匮乏的
状况。于是，董事会要求股东重新投入资金，同时对引入
贷款的方法展开了讨论。

首先，董事会对所有股东提出了将 12.5% 的收益作
为公司资金投出的要求。通过这一方法，公司在 1710 年
征集到 392435 镑，1711 年征集到 324554 镑。此外，东印

度公司又向英格兰银行借贷了 12 万镑。

　　增资以及顺利得到英格兰银行的融资，这两件事本身就显示了这一时期的东印度公司信誉度极高。此后数年，东印度公司都保持着蒸蒸日上的良好经营状态。首先，继创造了总资本 11.1% 利润的 1710 年，1711 年的利润率为 16.7%，1712 年为 20.4%，1713 年又创下 22.2% 的利润率新高。而未曾发生改变的则是，东印度公司的贸易依旧以棉、绢等亚洲产品的进口业务为中心。在越发高涨的对棉织品进口的批判声中，外国零售商却不远万里地从欧洲大陆奔赴伦敦购买棉织品。因此，进口的商品绝大多数被销售到了国外。可想而知，这正是东印度公司业绩保持良好势头的原因。虽然说东印度公司只是一个商业公司，但其前景之广阔令人不可估量。这是当时许多人都持有的观点。

与世界各地的繁荣贸易

　　当人们对东印度公司的商业活动寄予越来越高的期待的同时，英国迎来了整体上的经济上扬时代。这一时期，一方面，工业革命尚未启动，生产力还处于资本主义化之前的家庭手工业阶段；但另一方面，贸易活动已经具有相当大的规模，肩负着牵引当时整个英国经济发展的重任。进入 18 世纪初叶后，凭借着全国贸易和商业的强劲势头，

伦敦成为欧洲资本主义世界的商业中心，并大有超越 17
世纪的商业中心阿姆斯特丹的趋势。

在大西洋方面，自克伦威尔出兵远征牙买加以来，西
印度群岛就作为蔗糖作物种植园的中心，逐渐受到贸易
商、殖民者及大商人们的关注。起初，西印度群岛被西班
牙珍宝（运输）船队视为他们掠夺财物和收获风险成果
的对象。进入 18 世纪初叶，其性质逐渐变转为种植园主
和大商人们以贸易或殖民手段积累财富的投资地点。

在地中海方面，基于利凡特公司的商业活动，英国早
在 17 世纪就与土耳其地区建立了广泛的贸易联系。直到
1720 年前后，利凡特公司的商人们都保持着活跃的商业
势头。土耳其地区不仅是重要的毛织物出口地，同样也是
咖啡的收购地。根据 1713 年的《乌得勒支和约》，英国
从西班牙那里取得了直布罗陀和米诺卡岛的控制权，而这
一事件的发生就与上述英国商人在地中海的贸易活动具有
一定的关联。

东印度公司与亚洲方面的商贸活动，在与大西洋、地
中海方面的商贸活动的相互作用下，越发兴盛起来。人们
对东印度公司抱有的期望值也不断高涨。这是由于棉、绢
以及茶叶的需求量不仅在英国国内，同时在欧洲各国都呈
现持续增长的趋势，东印度公司通过这些贸易获得了丰厚
的利润。而当东印度公司及其他公司在海外贸易中赢得丰

厚利润的消息被大众知晓后，人们甚至开始认为阿拉伯"一千零一夜"的童话实际上并非童话，它描绘的印度等地的商贸活动千真万确，一夜之间变成百万富翁的美梦一定能在那里成为现实。

丹尼尔·笛福与南海公司

丹尼尔·笛福发表《鲁滨孙漂流记》的年份为1719年，乔纳森·斯威夫特（Jonathan Swift）出版《格列佛游记》的年份为1726年。这两项历史事实反映出，在18世纪初叶这一时期，以商人为代表的英国大众对亚洲诸国怀抱着强烈的憧憬和美好的期待。

笛福和斯威夫特在进行小说创作时，原先并没有刻意要将东印度公司作为直接描写对象。但是，在那之前，除了东印度公司以外，就没有其他能在商贸活动中赢利并以清晰可见的红利形式将利润回馈给股东们的公司了。可以说，东印度公司所创造的经济成果，为人们描绘了一个更加绚丽和宏伟的梦境，人们对正在急速成长的西印度群岛所在的大西洋等广大地区所怀有的黄金国幻想，更加肆无忌惮地膨胀起来。

当人们对海外贸易、商业活动的期待越来越高时，各种各样的公司也随之林立而起，其中，还有一些公司取得了暂时性的成功并赢得了丰厚的利润。于是，在这样的风潮下，股票的投机热潮便极速白热化了。

下文将叙述的"南海公司"的成立以及由其引发的"南海泡沫公司事件"，就是代表当时投机热潮的一个历史性事件。南海公司泡沫事件虽然与东印度公司本身没有太大的直接关系，但它的发生是以东印度公司贸易的繁荣为背景的，基于这一点我们在此稍作介绍。

1711 年 9 月，英国议会通过了关于成立"南海公司"（与南海和美洲及其他地区贸易的不列颠商人的公司）的法案。而南海公司的策划者，据说很可能就是《鲁滨孙漂流记》的作者丹尼尔·笛福。

长期以来，笛福就为南美洲的魅力所倾倒。而鲁滨孙漂流到的地方也是南美洲海岸的一个孤岛。创立一家与这一地区开展贸易的公司，可谓是笛福的人生梦想。他认为如果能够将劳动力引进这块大陆，那么理所应当就能在这块大陆上创造出财富。

这一想法可以通过从非洲输入大量奴隶来实现，并且，在这块新的殖民地上还有可能发掘出金矿。即便这些都难以如愿，只要所殖民的人数增加了，殖民地对英国产品的需求也就会相应增加。这就是笛福心中描绘的蓝图。

南海公司的创立

　　而将笛福的这一构想具体化的人物是当时担任财务大臣的牛津伯爵——罗伯特·哈利（1661—1724）。这一时期，南美洲虽然是西班牙殖民地，但实际上掌控这一地区的垄断贸易权的是法国。并且，当时法国与英国正因西班牙王位继承战争僵持不下。这场战争的起因是，路易十四企图将他的皇孙扶上西班牙王国的王位。战争自爆发时起，已持续了10年之久。重复不断的侵略战争令路易十四统治下的法国陷入了财政困境，因此到了这个时期，法国便开始期望早日媾和。而作为对抗法同盟军一员的英国，便从1710年前后开始了与法国之间单独媾和的交涉。

　　在这样的形势下，牛津伯爵展开了与法国的秘密交涉，提出作为缔结和约的条件，法国必须认可英国在南美洲诸地区（今天的阿根廷、智利等地）的贸易权，并成功达成了目的。而南海公司法案就是在这些筹备基础上，于1711年9月被列入议案的。

　　当时来到英国的外国人无不惊叹于这个国家的经济繁荣程度。一位法国人曾描述，"星期天及节假日时，就连女佣也穿着绢制的衣服，其穿戴水平几乎和她们的女主人无异"；文中还写道，"就连被我们称为穷人的人也能暖暖和和地入眠，过着富裕的生活"。

在当时，这些财富的源泉无非是盛产农作物的土地，但同时，与印度、美洲之间的贸易也是其中不可忽视的财富源头。贵族、宫廷中的大人物以及商人纷纷参与商业活动，通过投资贸易公司等各种各样的商业项目来进行财富的聚敛。于是在这样的氛围中，以与南美洲各地区进行贸易和殖民活动为目的的南海公司便应运而生了。

于 1711 年创立的南海公司得到了政府授予的巨大特权，可是它的贸易成果却令人担忧。牛津伯爵虽然顺利地从法国接手了在南美洲的贸易权，但是掌握着这块土地政治支配权的西班牙国王没有他预计的那样宽宏大量。西班牙国王只允许南海公司每年向在南美洲的西班牙殖民地输送一艘货船的商品。

因此，《乌得勒支和约》中被认可的英国黑奴贸易特权合同，便成为英国快速聚敛钱财的唯一指望了。所谓黑奴贸易，是指向南美种植园地区贩卖黑人奴隶的贸易。然而，这项贸易实际上也未能产出人们所期待的利润。

南海公司的贸易和金融

根据黑奴贸易特权合同，南海公司被赋予每年向美洲输送 4800 个奴隶的特权。不过，这桩贸易最终以亏本而告终。获取特权之后，南海公司于 1715 年派遣"伊丽莎白号"、1716 年派遣"贝德福德号"，又于 1717 年向南美洲派遣了公司的船舶"皇家王子号"，但是这一次"皇家王子号"几乎未能做成一件买卖就打道回府了。

1718 年，西班牙与英国之间爆发战争。当时，一艘名为"皇家乔治号"的南海公司船舶虽然已经行驶在远航途中，但迫于形势最终也是空手而归。由于这些原因，1719 年年初，南海公司的经营陷入了恶性循环的危机中。

然而，南海公司没有满足于像东印度公司那样作为普通贸易公司的身份。早在 17 世纪末，在商业贸易蓬勃发展的经济大潮中就已经诞生了一家现代金融机构——英格兰银行。伦敦的富商们聚集在一起，投标购买了政府发行的 120 万镑国债。作为回报，政府允许他们在 1694 年建立起一家银行，发行与国债同等价值的银行债券，同时经营诸如兑换、汇兑、转账、存款等一般银行业务。

另外，在两年前的 1692 年，英国为筹措与法国战争的费用而开始推行国债制度。当然，在此之前，当英国政府需要大量资金时也曾采取过向民间贷款的办法。而这些大抵都是以政府将来的税收为担保进行的。1792 年，政府从民间借入 100 万镑国债，确立了以啤酒税来偿还带息国债的制度。

但是，由于接踵而来的威廉王之战（奥格斯堡同盟战争，1689～1697 年）和安妮女王之战（西班牙王位继承战争，1702～1713 年），英国为对战法国支出的军费不断增长，于是取自民间的国债便一发不可收拾地膨胀起来。

国债增多后，需要支付的利息自然不可小视，这给国家财政造成了巨大的负担。古今无异，当时的政府和统治者也深感必须设法将这个问题解决。

于是，与政府关系密切的南海公司，除从事贸易活动以外，自创立初期起就作为一种处理政府国债业务的金融机关而运营。

分期付款与南海公司

对英国而言，在 17 世纪末爆发的那场 20 多年的对法战争，可以说是一场重商主义的商业战争。英国商人之所以能够登上商业革命的世界贸易舞台，并在那里大展宏图，满足人们的期望，其原因就在英国在这场重商主义战争中取得了优势地位。

众所周知，英国的贸易扩张以海上支配权的强化为前提，海上支配权的强化则建立在海军实力增强的基础上。而英国对法国的战争，就是强化这种海上支配权的一个重要环节。但是，如上文所述，旷日持久的战争需要调动国债来填补军费，而国债也年复一年越滚越多，膨胀成一个巨额数字。

南海公司在创始之初首先接收了政府的1000万镑国债，并按5%的利率收取年息。1719年，当公司贸易状况不尽如人意时，南海公司向持有国债的个人宣扬南美洲贸易的大好前景，劝说他们将国债转换成公司股票。这一计划意外地获得了成功，随着股票市场价格的一路上升，通过赚取卖价与最初面值之间的差价，南海公司大约获得了7万镑的利润。

这一时期，在巴黎，出生于苏格兰的约翰·劳（John Law）构建了一个将法国所有贸易公司（东印度公司、西印度公司等）合并成一个巨型联合公司的计划，并在1717年正式创立了"密西西比公司"。除了贸易领域以外，约翰·劳还创建银行涉足金融业，企图将法国的国家财政纳入自身的控制之下。

这样建立起来的庞大的"约翰·劳体系"获得了人们异常的欢迎，整个法国都被卷入这一体系。当时，法国背负了高达15亿的巨额国债，约翰·劳却扬言要将这些国债照单全收。于是，国债持有者们便用约翰·劳返还的资金开始购买密西西比公司的股票。

在1719年春季到夏季之间，密西西比公司股票的价格突然急速上涨。面值为 500 里弗尔（liver）的股票在 5 月一个月内就翻了一倍；7 月，当约翰·劳从政府获得货币铸造权时，股价继续上涨到 2000 里弗尔；而在其获取了农田征税权时，股票又增值为 5000 里弗尔；至年末时，股价最终飙升至 1.8 万里弗尔。

南海公司与国债认购

这些巴黎的新闻自然也传到了伦敦。当时操纵英国南海公司的首席理事布朗特认为：模仿"约翰·劳体系"将英国所有国债独揽的经济策略，不失为一个良策。这一时期，南海公司以外的其他机构，大约拥有 5000 万镑的国债。其中，3000 万镑分散在商人或地主手中，剩余 2000 万镑为东印度公司和英格兰银行所有。因此，布朗特考虑，这一计划一旦成功，南海公司或许就能实现对极东公司（东印度公司）和金融界的支配与控制。

并且，假如议会（政府）同意将国债全部交付给南海公司，那么南海公司也应能获得增发与国债同等价额股票的许可。当时，南海公司的股票面值为 100 镑，市场价格为 128 镑。如果其市价上涨至 300 镑，那么公司便可将三分之一的股票转让给国债持有者，而剩下三分之二的股票则可全部纳入公司金库。

南海公司假如想通过这一途径赢利，自不待言，股价上涨是其成功的首要条件。南海公司确信：只要学习约翰·劳在法国的做法，抬高股价就不费吹灰之力。而此时，政府也正因巨额的国债一筹莫展，因此这项计划必然能得到政府的赞成。

但同时不难预料的是，以议会为中心的势力必然会坚决反对南海公司提出的——全盘接收国债来减轻政府带息偿还的负担，以及通过提升股价来赢利的方案。

本应由金融机构主要负责的国债业务，为何要交付给一家几乎没有任何业绩的贸易公司——南海公司来处理？这一类业务难道不应当首先让英格兰银行受理吗？假设英格兰银行出于某些原因拒绝受理，作为贸易公司享有盛誉的东印度公司，难道不能在银行的协助之下来处理这项业务吗？

1694 年创立的以国家主要财政机构身份为豪的英格兰银行，要将国债业务轻易转交给业绩为零的南海公司，这一情形的确让人难以置信。

于是，当时的财务大臣约翰·艾思拉比（John Aislabie）决定采取不牵动英格兰银行和东印度公司所持国债、仅将民间个人的 3000 万镑国债交付南海公司接管的策略，将整个大局稳定了下来。

英格兰银行的抗议和针对议会的策略

为了抑制来自以英格兰银行为中心的议会方面的抗议,南海公司除了向宫廷大臣施策,同时也对议会采取了策略。为达成目的,必须接近至少 100 名议员,并施以礼金酬谢。在财物准备就绪后,南海公司便进入了具体实施阶段。

铺垫工作完成以后,财务大臣约翰·艾思拉比于1720 年 1 月 22 日向下议院提交了《南海计划法案》。南海公司宣称,如果按计划将 3000 万镑国债交给南海公司负责,那么债息可保持在以往 5% 的水平上,而政府每年则可由此减轻 30 万镑的债务负担。南海公司同时还承诺,公司一旦赢利会向政府进献更多的资金。据预算,每年大概会有 15 万镑资金进入国库。按照这种进度,政府在 25年后便可将所有国债偿还干净。

另外,由于南海公司在认购个人持有的国债时,可以使用经济前景大好的南海公司的股权来充当支付给个人的国债认购经费。因此,政府不需要承担任何额外的责任便可将这一计划贯彻实施。而关于个人,即便不特别强制他们将所持国债都转换成南海公司的股票,他们大概也会乐此不疲地购入南海公司的股票。

　　财务大臣约翰·艾思拉比为了获得下议院的赞同，如是阐述了《南海计划法案》的宗旨。但是，下议院的议员们没有轻易为这项法案投赞成票。按照法案的计划，很显然政府将获得种种好处。但这对国债所有者到底是否有益？南海公司是否有可能赢利？议员们站在不同的立场上，对这一法案进行了细致的分析。

　　其中，支持英格兰银行的辉格党议员主张"既然是以国家利益为核心的事业，就不应该交给一个至今还从未为国家办过一件事的南海公司，而应当托付给英格兰银行运营"。最后事态发展为：由英格兰银行自身设计方案来说明其接收国债后将如何运营的问题，提交给下议院进行裁决。

《南海计划法案》的通过

　　最终英格兰银行向下议院提交方案，表明英格兰银行获得国债认购的特权后，它将向政府支付560万镑并附赠其他利益作为回报。而南海公司也提出了相应的竞争方案，宣称将支付给政府更多的资金。由于双方在议会内外展开的论争，无数的小册子出版问世。其中一些小册子指出，南海公司绝不是为了大众的利益，而是在为自身精打细算。

东印度公司

之后成为辉格党领袖的罗伯特·沃波尔（Robert Walpole）就是大力反对南海计划的英格兰银行方面的支持者。根据18世纪末撰写沃波尔传记的威廉·考克斯（William Coxe）的记述，这一时期沃波尔曾在下议院做过以下这番演说：

> 这是一个分散国民对商业贸易的注意力，将人们推向自我毁灭的行为，即股票交易的计划：它利用股票营利的繁荣假象，引诱他们轻率地步入末路，并将其作为致命的诱饵——欺骗他们将辛勤劳动得来的果实与空想中的财富进行交换。

沃波尔的这番言论在原则上代表了英格兰银行的立场。作为商业资本家，英格兰银行虽不至于像南海公司那样疏于细致考虑，但最终还是做出了认购国债的计划和相应准备。

根据目前为止的研究成果可知，对于南海公司的计划，沃波尔并未从根本上进行反对，只不过他认为，相对而言应当让英格兰银行来实施这一计划。

因为他本身也曾持有南海公司股份。他之所以如此反对，不过是对一些细节怀有不满，并没有反对到底的意向。

除了罗伯特·沃波尔以外，反对南海计划的还有他的弟弟霍雷肖·沃波尔（Horatio Walpole）、托马斯·皮特、英格兰银行理事杰拉德·科尼尔斯（Gerard Conyers）等议员。但最终 1720 年 4 月 2 日，下议院还是通过了这一法案。法案赞成派以 172 票比 5 票的投票结果赢得了胜利。虽然沃波尔的抗议过于无力是其败北的一个原因，但一般认为这是南海公司对政府议员实施的策略大见功效的结果。紧接着，4 月 7 日，《南海计划法案》以 83 票比 17 票的悬殊优势在上议院获得通过，最终正式确立生效。

7

南海之繁荣与恐慌

投机操作的开始

在上议院通过《南海计划法案》一周后的 1720 年 4 月 14 日，计划负责人约翰·布朗特（John Blunt）发布了将出售 2 万股南海公司股票的公告。南海计划虽然原本是一项以股票换国债的计划，但在其实行之前，公司首先展开的是以现金购买股票的交易。南海公司的股票，在市场价格至少会一直高于当前价格的前提下，进入了面向大众的销售。虽然按照每股（面值为 100 镑）300 镑的价格出售，但在几小时之内就创下了总计 22500 股的销售成绩，比预计多售出 2500 股。

由此大获激励的南海公司，于 4 月 30 日继续出售了 1 万股股票；接着，股价被定在每股 400 镑的价位上；紧接着，又有 500 股售出。人们对南海公司的期待值不断高涨，策划者约翰·布朗特的人气也直线上升。

南海公司和南海计划，都是在获取政府多项巨大特权的前提下启动的。甚至还有这样的传闻：政府与西班牙签订协约返还了直布罗陀和米诺卡岛，而作为返还条件，政府所获得的位于南美洲秘鲁的金山，则打算交付给南海公司管理。

虽然其他国家民众的情况不得而知，但就英国人而言，南美洲是一块充满了能够依靠勤勉劳作将其开垦成肥沃田野的处女地。在此之前，英国人已经在酷热的巴贝多岛（巴巴多斯岛，英文为 Barbados）以及寒冷的新英格兰完成了一系列开荒拓地的壮举。因此，在气候远比那些地区温和的南美洲巴塔哥尼亚地区开拓殖民地，对他们而言简直易如反掌。靠近拉普拉塔河流域的地区，气候温和，土地平坦，非常适于谷物和牧草的种植栽培。除了黑牛以外，这里还适宜饲养鸵鸟、智利品种的羊和鹿。并且，在这一地区还能采集到黄金、贵重的智利硝石等特产。此外，一旦殖民成功，人们在这片土地上安居下来，那么英国还能面向这里出口不同种类的毛织物、棉织物、建筑用材、农业用品，以及其他生活用品。

收买议员和大臣

于是，人们对南海公司的贸易对象——南美洲的期待迅速高涨起来。虽然与西班牙政府的关系仍旧令人担忧，但英国政府必定会想方设法解决好一切问题。抱着这样的想法，人们的黄金国（西班牙语为 El Dorado）发财梦不断膨胀，他们在南海公司发行的股票的吸引之下趋之若鹜。

受到鼓惑和煽动的人们，歇斯底里地想要获得南海公司的股票。拥有土地的人为此卖掉了祖先世代耕种的土地。贵族、文人乃至寡妇，人们不论阶级高低、身份贵贱，纷纷拿出自己的收入和存款，甚至不惜贷款购买。很显然，这是一种投机色彩浓厚的股价上涨现象。

为了催促议会尽快通过《南海计划法案》，南海计划的立案者约翰·布朗特向议员们许下了重金酬谢的诺言。因此，他将南海公司的一部分股权秘密分配给了支持南海公司的议员。法案通过后，南海公司的股票以原面值 3 倍的价格——300 镑出售，公司又将这些股票与原面值的差额赠送给他们。支持南海公司的人们，并没有以受贿的形式收取这些股票，而是采取了暂时从公司接手，之后又返还公司的形式来获取利益。实际上，南海公司分给支持者的总金额达到了 25 万镑之多。

虽然这是一笔不可小视的金额，但是为了压制英格兰银行及反对派，推动法案获得通过，这也是一笔不可节省的开销。并且，通过股票的现金交易，南海公司的股价上涨后，公司在进行国债兑换业务时，即便不使用与国债相同的股票份额也能顺利完成所有的兑换业务。南海公司就是这样考虑的。

当然，当时全面支持南海计划的政府和内阁，也与南海计划有着千丝万缕的关联。首相斯宾塞（Charles Spencer，3rd Earl of Sunderland，查尔斯·斯宾塞，第三代桑德兰伯爵）收受了价值 16 万镑的南海股份。被收买的还有其他一些官员，他们的受贿金额如下所示：斯坦厄普（Stanhope James，1st Earl Stanhope，斯坦厄普·詹姆斯，第一代斯坦厄普伯爵）2 万镑、艾思拉比 79.5 万镑、老詹姆士·克拉格斯（James Craggs the Elder）65.9 万镑。

股价攀升——南海盛世

为了博取这些大股东们的欢心，并顺利推动人们将所持国债与年金兑换成南海公司的股票，则必须提升股票的价格。但是，如何才能令股票价格攀升呢？南海计划在很多方面都效仿了"约翰·劳体系"，但约翰·劳是通过促使政府增加纸币发行量来达成提高股价的目的的，这一方法在英国未能实现。

于是，作为替代方案，南海公司向股东大举发行用于购买股票的贷款，用来推动股东的购股行为。南海公司公布了可向股东提供贷款的公告。相对于每股 100 镑的股价，股民可按每股 250 镑的金额进行借贷，但每人只限借5000 镑。人们对南海公司这一举措反应强烈，一共有 100万的贷款被借出，用于南海股票的购入。股价瞬间上涨到每股 400 镑。

面对年金受益者，南海公司也向他们提出了极具诱惑力的方案。作为对投出 20 年金额为 100 镑的年金的回报，公司会支付 500 镑现金，并以 7 股公司股票来抵付剩余金额。南海公司的股价为 400 镑，因此，7 股股票的售出价格为 2800 镑。因此，年金持有者被规定，如果现在出售股份就要按每股 300 镑的价格交易；但是，如果相信南海公司股份在未来有大好前景而持股不动，则能以更高的价位卖出。对于年金受益者来说，相较于出售给政府或者英格兰银行的选择，这是一个更加有利可图的提案。提案的结果令股价再次上涨，一时间股价达到每股 800 镑，而这一幕就发生在 6 月初。

6 月 14 日，股价转为 750 镑。6 月 15 日，第三次南海公司股票发行的现金交易展开。每股 1000 镑价格（面值为 100 镑）的股票被售出了 5 万股。虽然这一价位比股市还要高出 25%，但是公司采用了借贷购股资金的方式，允许股民延期付款，因而许许多多的民众被吸引而来。南海公司的股票价格虽然高达每股 1000 镑，但公司允许购股者按照 10% 的价格，即每股 100 镑的标准支付，剩余金额以分期付款的方式在四年半之内付清。

人们预计南海公司股价还会进一步上升，于是无不欢天喜地地采用这一方式购买了每股 1000 镑的股份。5 万份股票在数日内便一售而空，500 万镑现金进入了南海公司的金库。至 6 月末，股价最终飙升到每股 1050 镑。

南海公司股价冲顶

南海计划实施后不久，南海公司股票所引起的投资热潮就达到了史无前例的最大规模。这一时期出任南海公司总裁的国王乔治一世，在 4 月 14 日公司首次发行股票时，认购了价值 2 万镑的股份。之后，他又以 106500 镑的价位将其卖出，获得了 8.6 万镑以上的利润。上流社会中，其他贵族、大臣、议员、商人、银行家、地主等，几乎所有人都涉足了南海股票的投资活动。甚至连清贫的知识分子、文人也背负着贷款参与到投资中来。

亚历山大·蒲柏（Alexander Pope）、乔纳森·斯威夫特（Jonathan Swift）、马修·普赖尔（Matthew Prior）购买了南海股票。画家戈弗雷·内勒爵士（Sir Godfrey Kneller, 1st Baronet）将存款换成了南海股票。《乞丐歌剧》的作者约翰·盖伊（John Gay）也购入了价值 2000

镑的南海股票。人们在股价飙升引发的投机热浪中飘飘欲仙。

当时的报纸出现了以下记事：

> 伦敦金融城的女士们买下南海的宝石，雇起南海的女佣，在田园间坐拥着新宅；而绅士们则乘坐着南海的四轮马车，购买着南海的土地。
>
> 著名剧场歌手芭碧雅夫人因购买南海股票赚了8000镑，进而举行了最后的告别公演。
>
> 自股票投资失控以来，伦敦出现了200驾新马车。而在马车制造商的仓库中，则还存放着超过了这一数量的新马车。
>
> 一个店名为托马斯·盖伊的书店刚好位于朗伯德街和康怡街相接处。于是，店主将店铺租给几个做投机生意的公司后，便发了一大笔财。

7月前后，南海公司向股民贷款的策略进入人气鼎盛时期。由于股价的不断增值，购股时所需的贷款在售出股票后便可轻松返还。金钱的魔力不禁令人惊叹。

然而，关于这股投机热潮能持续多久的问题，几乎无人担忧。因为人们在投资之前都未曾对南海公司的经营状态做过任何调查。人们想当然地认为南美洲贸易必然会产生利润，而且利润一定比东印度公司之类的公司更胜一筹。人们在投资时只考虑到这些便觉得足够了。

仅凭直觉和谣言，他们购入了南海公司的股票。因为南海计划不但受政府支持，而且国王本人就是公司总裁。世界上不会有比这更加值得信赖的事情了。

事实上，的确有许多人坚信南海公司的计划具有合理性、完美性。他们相信，南海公司已经充分探讨过如何通过金融操作使财富增值 3～4 倍的方法。虽然也并非没有人考虑到也许败局很快就要来了，但是，即便是这样的人也没有舍弃用投机方式快速捞金的欲望。并且他们也认为：最重要的是，南海计划在不需要任何个人来承担责任的前提下，就能完成所有国债的偿还，这是天下再也难寻的好事。

于是，在 1720 年上半年不到半年的时间里，南海股票就从每股 128 镑飙升到了 1050 镑，价格差不多增长了 10 倍。

东印度公司等股票价格的上涨

南海公司股票的价格增长如此迅猛，原本就是极为异常的现象。如第六章所示，从 17 世纪后半期起，在伦敦，股份公司制度以东印度公司为先驱逐渐走向完备，股票交易市场也随之建立起来。与股份制度的发达程度相对应，不仅在伦敦，在商业历史更悠久的荷兰阿姆斯特丹、法国巴黎也同样形成了股票市场。于是，在18世纪初的20年，历史上空前绝后的股票投机热潮不约而同地在这三个国家的交易所中出现了。

不过，这一投机热潮的直接推动力还是巴黎的"约翰·劳体系"和伦敦的南海公司及南海计划。

单就英国方面而言，南海公司的股价在1720年前半期突然集中性地异常增值，这使其他主要公司也迎来了相似的股票热卖浪潮，各公司的股票价格达到了前所未有的高位。而在出现如此异常的股价飙升现象之前，1717年英国主要股份公司的资本情况则如下所示。

南海公司1000万镑，英格兰银行5559995镑，东印度公司3194080镑，这是三大公司的资本数额。其他还有拥有45万镑资本的皇家非洲公司（Royal African Company）等。此外，除了皇家非洲公司以外，各公司在1717~1718年的股价大致如下。英格兰银行的股价大概在150镑，东印度公司股价约为200镑，而南海公司股价约为150镑。

1720年投机热潮来临前的股市行情，在表1所显示的1720年1月1日各公司的股价中也被反映出来。并且，如上节所述，南海公司股价从128镑上涨到1050镑，一时间甚至飙升至 1080 镑。而似乎与此相呼应的是，1 月到 6 月的这一期间，其他公司的股价也处在上升时期。

表 1　1720 年主要公司股价

单位：镑，%

日期	英格兰银行	东印度公司	南海公司	皇家非洲公司
1 月 1 日	150.25	200.25	128.25	25
5 月 20 日	204	268	415	100
6~8 月	265	449	1050	200
股价增长率	76	124	730	700

注：股票面额为 100 镑。

首先要提的是在 1713 年之后进入衰败期的皇家非洲公司，其宣称通过奴隶贸易与南海公司建立关系后可以使公司东山再起，于是股价便提升了 700%，增长率仅次于南海公司创下的 730% 的纪录。相比之下，经营稳定、业绩远超其他公司的东印度公司的股价在这一期间提升了 124%。同样，英格兰银行的股价也有所增长，增长率为 76%。

泡沫公司的创建狂潮

与投机主要公司股票的热潮相对应的现象是，在英国国内出现了许多仅以投机倒把为目的的恶性"泡沫公司"。这些公司的股票在 1720 年前半期也被哄抬到不非的价位，投机热潮达到了白热化阶段。随着这一股票投机热潮的升温，每月都会有十几家新公司成立，仅在 4 月和 5 月之间就有多达 50 家新公司面世。

这些新公司中也有以当时各种有意义的新技术发明为基础、怀着创建新兴企业这样良好愿望的公司。

例如，改良版的威廉·李（William Lee）编织机、亚伯拉罕·达比（Abraham Darby）的焦炭炼钢法（1709 年）、纽科门（Thomas Newcomen）的常压蒸汽机、洛姆（Thomas Lombe）的织绢机（1718 年）就是其中一些公司主打的创新和发明。这些创新为之后约翰·凯伊（John Kay）发明飞梭（1733 年）、路易斯·波尔（Lewis Paul）创制滚轮纺织机开拓了道路。但是，在投机热潮中乘机而起的大部分公司企业，不是诈骗团伙就是充满疑点的名副其实的"泡沫公司"。

"从 40 年前的沉船中打捞黄金的公司"、"打造对抗海盗的船舶的公司"、"为所有男人、女人在被仆人骗取侵吞财物受损时提供保险的公司"等，可谓不胜枚举。例如，某报纸还曾刊登过以下一则广告：

为将流动水银转化为固体，即一种具有与纯净普通白银性质、外观、价值相同的物体，本公司特别征集 200 万镑作为启动资金。为表达对方案策划者和公司的感谢，我们将于 7 月 15 日 12 点至下午 3 点之间

在喷泉酒吧股票交易市场，按照每100镑的许可证对
应6便士的价格发售许可证。经过精准计算，所有认
购者都将获得800%以上的利润。

就是在诸如此类的花招下，许多泡沫公司堂而皇之地
登场了。对于这些泡沫公司，当政者自然也不会放纵不
管。6月初，议会通过了可将未持有特许状的公司视为违
法组织起诉的法案。可是，许多公司又耍起其他花招，侥
幸逃脱了法案的制裁。

然而，8月18日，四家规模较大的泡沫公司——皇
家绢布公司、约克建筑公司、英国制铜公司、威尔士制铜
公司被这一法案绳之以法。于是，其他规模不如这些公司
的公司，其股票便在转眼间变得一文不值了。

由于这些事件，大众对股票的信任开始产生根本性的
动摇。一时间，所有人都争先恐后地想要将手中的股票脱
手出去。短短一周内，伦敦保险公司的股价就从175镑跌
到了30镑。而这一股票大甩卖的狂风巨浪，也朝着应当
被称为泡沫公司的始作俑者——南海公司席卷而来。

南海公司股价的暴跌

8月初，正在地方度假的罗伯特·沃波尔爵士收到了

东印度公司

一封来自伦敦的秘书的信件：

> 南海股票价格下跌到 900 镑以下，其他股票的价格也都在以与南海股票相同的速度不断下跌……出现了大量妨碍股价再度回升的警戒资料，我认为现在无论采取什么措施也无法让股价再度回升了。

不过，读了这封信后的罗伯特·沃波尔爵士却没有过于担心。这是因为他已经得知 8 月 12 日南海公司将再次发行 1 万股新股以保持股价上涨势头的消息。沃波尔自身也打算投资 5 万镑购买新股。

但是，从 8 月 18 日起，南海公司的股价突然大幅度下跌。8 月 17 日价位在 900 镑的股票在 9 月 1 日降至 770 镑，9 月 9 日降至 575 镑，9 月 19 日又降至 380 镑，9 月 28 日则下跌到 190 镑。

为了挽救败局，南海公司的官员们曾向英格兰银行求救，英格兰银行方面也表示愿为南海公司进行支持性购买，按照每股 400 镑的价位购入金额为 350 万镑的股份。可是该措施还未实行，南海股价便再次暴跌。事态在分分秒秒地恶化着。9 月 24 日，与南海公司有着密切关系的刀剑公司发生挤兑混乱，公司随之停业。于是，9 月 28 日，南海股价下跌到了 190 镑。

严重恶化的事态向投资家们挥来了无情的拳头。第一代钱多斯公爵，在其担任陆军军需官时积累的 30 万镑存款全部化为泡影。损失惨重乃至破产的贵族中，还有人向国王提出申请，希望远渡西印度群岛担任殖民地长官。一些受到经济重创的绅士们，沦落得在变卖土地等财产之后又不得不去谋求新的工作。而淑女们则在其他富人家里做起了家庭教师的工作。同样，文人们也只得另寻职业以求生存了。

大恐慌——受害者群像

《伦敦宪报》（*The London Gazette*）等报纸铺天盖地地登载有关破产的新闻。自杀事件变得司空见惯，几乎天天见报。其中，有些割喉自杀或上吊自杀的人，也不乏服药自杀的胆小绅士等。被转让出去的私家马车，变成了出租马车在街道上四处奔跑。金表、钻石、项链沦为二手货，装饰着金银刺绣的贵族礼服在旧货市场上也随处可见。这样异常的光景简直可以用"恐慌"这个词来形容。乔纳森·斯威夫特所描绘的长篇诗——《南海计划》最终以"我们引以为豪的旷世财富摇身一变，成了一张废纸"而收场。

来自全国各地要求严惩南海公司和其计划主谋者的请愿，如潮水般不断涌入议会。议员中很多人认为，正是由于南海计划的理事们的贪欲和违法行为才导致经营稳定的南海公司一败涂地。因此，这些人对南海公司的理事们持严惩不贷的态度。实际上，大臣、议员也在南海股票的投机热潮中获得利益，并且，还有人收取了高额股份的贿赂。议会上、下院中至少有450位议员参与了股票投机的活动。当然，其中也有因未能拿到贿赂而感到吃亏的议员。当这些人站到议会的中心位置时，与其说是在冷静地讨论对策，不如说是在气势汹汹地催促议会尽快处罚南海计划的主谋。

试图冷静处理事态的沃波尔，希望通过让英格兰银行和东印度公司认购南海公司价值900万镑的股票，来重新恢复金融市场的生机。但是，对南海公司抱有强烈敌意的人们没有支持他的计划。

他们将南海公司的账簿和会议记录提交给了议会。调查结果显示：南海公司发行的股票超过了法律许可的数量，并多次进行了抬升股价的炒作，在完成这些运营后，公司的官员们又将手中的股份尽可能地以高价反卖给公司而大饱私囊。对于这些人的调查、处罚以及索赔，便成为议会此后的工作内容。

沃波尔的善后工作

南海泡沫公司事件发生时，英国有六位大臣在任，其中桑德兰伯爵为首席大臣。1721年，由议会主持的对事件相关者的审问开庭后不久，2月5日，四位大臣中标榜自己最为清廉的斯坦厄普伯爵突然死亡，一周后又有一人死亡。对剩下四位大臣的审问就在这样的氛围中开始了。

财务大臣艾思拉比在南海计划中牟取了100万镑以上的利润，并且手中的银行账户上还存有80万镑的余额。议会判定其罪名成立，他被送至伦敦塔监狱关押。斯坦厄普大臣被指控的罪行为：受贿1万镑，以5万镑的价格购入了市价为25万镑的南海股票。但斯坦厄普主张，是其家人在他自己不知情的情况下购入5万镑股票的。他的这一主张成功地蒙骗了议员。首相桑德兰伯爵也因受贿5万镑而受到议会审问，不过在沃波尔的维护下，他得以侥幸逃脱。另一位大臣在出庭前夜因服用大量鸦片而身亡。议会定其为有罪，并没收了他的地产。

议会进一步裁决，为了救济不幸的南海公司计划受害者，将没收南海公司重要官员的所有地。这些重要官员所有地的总价值为200万镑左右。议会对每个当事人进行了逐一审判，做出了除若干财产可以得到豁免以外，其他全部财产充公的判决。

例如，南海计划的真正推手约翰·布朗特爵士，其价值185349镑的所有地中，只有100镑得到豁免未被没收。爱德华·吉本（Edward Gibbon，著名历史学家）的祖父也由于是南海公司的重要官员，而被没收了价值106543镑的土地，仅有1万镑被豁免。关于此事，爱德华·吉本曾在书中提到，他说这一处罚太过严苛。

罗伯特·沃波尔在这一时期被任命为财务大臣后，开始了南海事件的全面善后工作。他认为，应着手重新建立市场秩序，树立金融行业的信用度。

他提出的重建计划方案为：将从重要官员那里没收的200万镑作为资金，按照每100镑对38镑的比例统一分配给股民。于是，便出现了许多期待将自己的损失尽量补偿回来的人，同时也涌现出一部分气势汹汹奔向议会的人。但是，当得知赔偿金已不可能多于这一方案提出的金额时，人们渐渐恢复了平静。而南海公司则在此后的多年中继续运营，对残留业务进行着整顿与清理。

与东印度公司之间的关系

1722年桑德兰伯爵去世后，沃波尔成为真正的首相。在他的领导下，辉格党控制了其后大约半个世纪的国家政权。对于英国人而言，这是一段繁荣与和平并存的辉煌时代。

南海公司给英国的金融行业和贸易行业都带来了巨大的影响。所有公司的股价都随着南海公司股价的变动而变动，1720 年夏季时突然暴涨，不久后又急速下跌。虽然南海公司计划将自身建设成一个与代表性金融机构英格兰银行和代表性贸易公司东印度公司相抗衡并涉足两个行业的巨型公司，但最终这一计划一败涂地。法国的约翰·劳所运作的体系至少在一段时期内，成功实现了对金融领域和对外贸易领域两方面的垄断控制，然而，英国的情况则完全不同。

在 1720 年前后的英国，英格兰银行早已在金融界站稳脚跟，南海公司的计划因此步入败局。与此同时，南海公司本身也有别于东印度公司这种已创造出成果的贸易公司，这也是导致其失败的重要原因。虽然说东印度公司是商业资本家的贸易公司，但它很早就转变为经营状态稳定的商业公司。即便存在着棉织物禁止法的制约，东印度公司的棉织物等亚洲纺织的产品交易也照样欣欣向荣。就这一点而言，东印度公司与南海公司及其他泡沫公司有着根本性的差别。

尽管发生了由股票投机造成的恐慌——南海公司泡沫事件，但英国在东印度等地区的海外贸易依旧平稳如初，甚至还呈现了日益飞黄腾达的势头。也正因为存在这一背景，沃波尔等人采取的应对措施才得以成功。

1720 年前后，伦敦在世界金融界和商界的地位也发生了显著的变化。被称为"伦敦市"的金融、商业中心正是在这一时期形成的。对于伦敦这一经济发展良好的势头而言，东印度公司的存在是不可或缺的。

　　1709 年，联合东印度公司在起步初期就已经能够向外贷出 300 万镑资金，显示了其在金融方面的雄厚实力。并且，在 1710 年后的七年间，东印度公司经济成果斐然，连年创造出两位数的纯利润额。正是依靠着这样优良的经营业绩，东印度公司才安然无恙地化解了 1720 年股市混乱带来的危机。

8

茶叶进口与中国贸易的开始

东印度公司与南海事件

虽然如此，在某种意义上，南海泡沫事件仍旧给东印度公司带来了深远的影响。这一时期的东印度公司，除了一如既往地进口如棉织物、绢丝等主要产品以外，同时，如下文所述，还开始大量地进口中国产的茶叶。从"棉织物论争"可知，关于亚洲产品的进口贸易，英国国内的批判声一直不绝于耳。然而，即便批判声不断，作为英国实力最强，同时在欧洲名列前茅的贸易公司，东印度公司的亚洲产品进口商的特征，在进入 18 世纪之后也一直未发生过任何改变。

从欧洲输出白银，再输入欧洲没有的产品——东印度公司的这一贸易模式，基本与上一代保持一致。1720 年前夜，在人为炒作的股价飙升现象下一夜丛生的泡沫公司，最终被股价崩盘的危机所淹没。但东印度公司安然无恙，在混乱的股市中得以幸免并持续发展着。虽然 1720 年前后东印度公司的收益欠佳，1717～1726 年的平均纯利润率也仅为 3.7%，但其中完全没有南海恐慌造成的恶劣影响。

然而，对于以出口白银等贵金属为贸易杠杆的东印度公司而言，南海恐慌所引起的国际信用危机却造成了贵金属货源严重不足的棘手问题。大恐慌之下，人们担心贵金属可能会从伦敦流入荷兰。1720 年 9 月恰好是南海公司股价出现明显下滑的时期。这时，东印度公司的代表与英格兰银行的重要官员就防止资金外流的对策展开了讨论。

股票投机泡沫的破裂，令那些想要收回贷款的银行和债主们急于设法摆脱困境。贵金属货币开始大幅度升值，甚至出现了商人囤积贵金属的现象。而当欧洲各地的金融中心试图通过调整外币汇率以摆脱信用危机时，大恐慌的恶果便从一个国家的首都转移到了另一个国家的首都。

于是，东印度公司的董事会向印度当地发出指令，命令他们立即执行在印度筹借资金并装船运回英国的紧急措施。

如果仅就东印度公司的情况而言，1721 年财政危机问题的解决速度之快，可以说与危机到来时的迅猛程度不相上下。

沃波尔的关税改革

在英国史中，1721 年南海泡沫事件终结后的 20 年左右，被称为"沃波尔时代"，同时也是奥地利王位继承战争（在印度被称为"卡那提克战争"）爆发前的和平时代。在国王乔治一世、乔治二世时代，罗伯特·沃波尔掌握了政治上的实权，在身为辉格党领袖的同时，他奉行与托利党相互协调以达到两大政党和平共处的方针。

他同样还以英国重商主义"关税保护"制度的创建者和实践者的身份而闻名。为了尽可能地给国产商品的出口及其原材料的进口提供便利，沃波尔的关税改革以取消这些物品的关税为目标，并在 1721～1724 年逐步实现了这一目标。例如，美洲殖民地出产的木材被免除进口关税，便是其中的一项成果。

从与东印度公司之间的关系来看，由于东印度公司的贸易以进口消费品及奢侈品为主，因此许多商品的进口关税都在改革中被提高。但东印度公司从亚洲进口的大部分商品会再次出口到欧洲各地，所以它可以利用退税制度收回一部分税金。退税制度是指商品再出口时，一部分进口税可以被退回的制度。18 世纪，英国还实施了保税仓库的制度。

这一制度规定：输入的商品可暂时存入仓库，当商品面向国内消费市场出售时，才征收全额关税。制度首先在1700年实施，针对的是在英国国内被禁止使用或消费的进口产品——印度及波斯产的绢织物、棉织物。之后，胡椒在1709年，茶和咖啡在1711年被列入了该制度的实施范畴。但是，这一制度未能得到严格的贯彻，欠缺强制执行力度。

于是，1723年，沃波尔为其中的茶、咖啡、可可果特别设置了专门的保税仓库，并将遵守保税仓库制度规定为必须履行的义务；同时，为防止逃税，加强了对进口商品的管理和检查。

据说，通过沃波尔的改革，政府的关税收入大约占到了国库收入总额的四分之一。其中，对印度等殖民地生产的奢侈品所征收的关税尤高。茶、咖啡、砂糖、香烟，甚至酒类、纤维制品都被课以进口税，这与当今消费税的征收情况十分相似。

公主、女王与茶叶

在被课以如此沉重的进口税的诸商品中，在18世纪的英国引起了最大问题的是东印度公司进口的茶叶。茶叶在17世纪被首次进口到英国，在18世纪与棉织物并肩成为代表性的重要进口商品。美洲独立运动的导火线——
"波士顿倾茶事件"便是围绕东印度公司运回的茶叶而爆
发的。由此可见，18世纪的英国东印度公司与茶叶之间
有着非常紧密的关联。

虽然今天英国人对茶的喜爱已不像以往那样狂热了，
但实际上，从19世纪起直到最近，英国人饮用红茶的习
惯在外国游客的眼中一直都是奇特的景观。在世界范围
内，英国人也是以酷爱饮用红茶而闻名于世的。

茶叶原本是英国和欧洲大陆都没有的物产。饮茶的习
惯是在进口了东印度及亚洲其他地区的茶叶之后才开始形
成的。在此，让我们先从茶叶输入英国的历史谈起。

1662年，葡萄牙公主凯瑟琳嫁给英国国王查理二世。
而就是她，将遥远的东方茶叶和饮用茶叶的风气从葡萄牙
带到了伦敦。一般认为，英国的茶叶历史由此发端。

由于之后1688年的光荣革命，威廉三世从荷兰来到
英国，同样，他的妻子玛丽二世也将她在荷兰居住时养成
的品茶习惯在伦敦的宫廷和上流阶层中推广开来。18世
纪初期，安妮女王（1702～1714年在位）也喜好品茶，
饮茶风气在英国社会的广泛兴起也受到了她的影响。

这样看来，可以说，英国人饮用茶叶的习惯在形成初
期，是由公主或女王这些身份高贵的女子率先引领的，茶
成了特属于女性的事物。假如我们将咖啡称为聚在咖啡厅

谈笑风生的绅士们的饮品，那么茶就应该被定义为女士们在家中享用、专门俘获女士芳心的饮品。

虽然如此，但是茶在当时仍然是一种应被称为奢侈品的，充满异国情调的来自遥远东方的饮品。因此，茶叶虽然从 1660 年起就已经流入英国，但是，在 17 世纪的数十年间，茶叶的普及还仅仅限于以宫廷为中心的上流阶层。

东印度公司与茶叶

东印度公司总部在 1685 年发往马德拉斯的信中，写下了以下这段话：

> 茶叶是一个大有发展前景的商品，是适于用作馈赠宫廷高官的礼品。希望每年输送五罐至六罐品质优良的新鲜茶叶。煎泡后茶色明显且纯正者，一般最受青睐。

这一时期茶叶进口还未成气候，作为贸易商品，茶叶的交易量还不稳定。英国进口的第一批茶叶，就是从荷兰东印度公司运到欧洲的茶叶中购买而来的。根据记录可知，1664 年英国输入的茶叶总重为 2 磅 2 盎司（约 962 克），1666 年为 22 磅 12 盎司（约 10 公斤 305 克）。

东印度公司的茶叶直接进口贸易始于 1669 年。当年的进口量为 222 磅，不过翌年很快就减少到 79 磅。茶叶作为贸易商品，进口量仍欠缺稳定性。

进入 1690 年后，茶叶的进口量终于达到 3.8 万磅，占印度进口商品总量的 1%。而茶叶进口贸易真正繁荣的时代，还是在 18 世纪之后。1701 年，茶叶的进口量达到 10 万磅以上。但是在此之后成绩平平，1701～1706 年，其年平均进口量仅有 3.5 万磅左右。

不过在 1713～1720 年的七年间，进口总量达到了 214.6 万磅，平均下来，每年进口茶叶 30.6 万磅，是该世纪初的 10 倍之多。此后的茶叶进口量如表 2 所示，又有了进一步的增长。18 世纪 20 年代年平均进口量为 88 万磅，18 世纪 30 年代为 116 万镑，18 世纪 40 年代为 202 万镑，18 世纪 60 年代为 373 万磅，其增长趋势显著。与 18 世纪 10 年代的情况相比，茶叶进口量仅在 40 年里就增长了 12 倍之多。

出版于 1744 年的某本小册子，试图从当时的砂糖消费量来推算出同时期茶叶在英国的消费量。推算的结果为，由于当时砂糖的消费量为 80 万英担（Hundredweight）①，因此每年平均有 200 万磅茶叶被饮用。

---

① 重量单位，1 英担 = 112 磅 = 50.802 千克。——译者注

这一结果，与表 2 所示东印度公司茶叶进口量的数字基本一致。

表 2　18 世纪英国东印度公司的茶叶进口量

年份	进口量（磅）	增长率（%）	价格（镑）
1721～1730	8879862	—	611441
1731～1740	11663998	31	609469
1741～1750	20214498	73	1052373
1751～1760	37350002	85	1692698

就这样，英国在 18 世纪后半期迎来了茶叶的普及及其大众消费时代。尽管沃波尔实行了关税改革，但东印度公司的茶叶进口量仍有显著增长，并且南海事件爆发后，东印度公司的贸易也一直保持着平稳发展的势头。

高额关税（消费税）与茶叶走私

关于 1724 年的关税改革，我们已在上文中有所了解，其中，针对茶叶征收的关税被设定得极高。这导致欧洲大陆各地向英国走私茶叶现象的产生。继而，茶叶走私成为欧洲各地东印度公司的热门生意项目，甚至演变为这些公司赖以生存的重要基础。1728 年丹麦东印度公司增加资产，1731 年瑞典东印度公司在原奥斯滕德公司的废墟中重生，无不与茶叶走私存在关联。18 世纪 30 年代，法国东印度公司、荷兰东印度公司也是通过向英国供应茶叶进而扩大业务的。

据研究可知，1726～1784 年的约 60 年间，由于东印度公司正规进口的茶叶被征收了几乎为原价的 100% 的关税，因此茶叶价格实际上涨了两倍，而上缴的这些关税则都被转嫁到了消费者的身上。其中一个夸张的数字出现在 1736～1740 年，当时茶叶被征收的关税竟高达 125%。1746～1750 年的关税税率为 76%，1768～1772 年为 65%。但这些都为最低税率，其他情况下海关征收的税率都在 84% 以上。

不过，附加了如此高额关税的茶叶价格，随着进口成本的降低也逐年便宜起来，1780 年前后，茶叶价格下降到 1725 年的一半以下。与此相对应的是，18 世纪 20～80 年代，茶叶的人均年消费量从 0.1 磅左右上升到 0.7～1.0 磅，呈现逐年递增的趋势。在高额关税制约下的英国，人们对茶叶的需求却年年递增。于是，这就为非法进口的猖獗提供了适宜的温床。

据统计，1721 年，输入欧洲大陆各地的茶叶总量达到 380 万磅，而其中大部分被走私到了英国。进入 1745 年，茶叶进口量又增长了两倍以上，接近 900 万磅之多。

根据英国东印度公司会计局局长的推算，1733～1782

年，从中国运往欧洲大陆的茶叶年平均量达到 1300 万磅，而在欧洲大陆各地，茶叶的年平均消费量为 550 万磅，由此可知，每年大约有 750 万磅的茶叶被非法出口到英国。

自 18 世纪 20 年代起，从东印度公司正规批发茶叶的英国茶叶经销商展开了要求降低茶叶关税的请愿活动。他们指出，由于大量的走私茶叶进入英国国内，他们的茶叶销售一蹶不振。托马斯·川宁①（Thomas Twining）便是活跃在这一时期的著名经销商。不过，最终令茶叶关税实现大幅度下降的还是 1784 年颁发的《折抵法》（Commutation Act）。

中国贸易的开端与茶叶

如上所述，英国的茶叶进口在 1720 年前后突然出现了急速的增长。而这一结论还只是根据东印度公司正规进口的茶叶的数据得出的结果，实际上数据中还应加入逐年上升的走私茶叶的数量。根据 1784 年的《折抵法》，茶叶价格被降到原先的一半以下，人均消费量则增长了两倍多，达到 2～2.5 磅。英国正朝着 19 世纪茶叶的全民消费

---

① 英国著名茶叶品牌 TWININGS（川宁茶）的创始人。1706 年，他在伦敦河岸街以 Thomas 为名所经营的咖啡厅，就是川宁公司的前身。——译者注

时代一步步前进。

在英国与中国的直接贸易不断扩展的历史背景中，数量庞大的茶叶开始转由东印度公司运往欧洲。而其后发生的历史悲剧——鸦片战争，其根源可以追溯到 18 世纪英国进口中国茶叶的历史。

如上所述，1690 年前后，英国东印度公司将中国茶叶进口到英国。而这些茶叶实际上是中国帆船运到印度尼西亚巴达维亚的一部分货物。但当时巴达维亚已被荷兰人占领，英国人也在 1682 年被驱逐出班达而痛失了在爪哇岛活动的大本营。因此，通过巴达维亚向国内供应茶叶的贸易渠道，充满了众多的不稳定因素。

1697 年，两艘英国船舶第一次停靠在中国厦门的海岸。这一年中国茶叶被首次直接运往英国，1699 年运抵伦敦的茶叶共有 1.3 万磅。从约 1704 年起，英国与清朝政府认可的广东贸易港初次展开交涉，最终在 1713 年正式获得了进入广东的许可。

而英国东印度公司定期从广东装载中国茶叶的商贸活动则始于 1717 年。从上文可知，从这一时期起，英国茶叶进口量呈现突飞猛进的增长趋势。

自 1717 年与广东展开定期贸易之后，茶叶进口便代替绢织物进口在东印度公司与中国的贸易中占据了核心地位。到了 18 世纪后半期，茶叶进口甚至以压倒性优势占据了中国贸易中 80% 以上的比例。

创立于 17 世纪的英国东印度公司自从在印度尼西亚方面的竞争中失利于荷兰后，就一直集中精力致力于在印度半岛的发展。初期，它将苏拉特、孟买等西海岸地区作为商业交易的中心，从 17 世纪中叶起将发展重点转移到以马德拉斯为中心的科罗曼德尔海岸（乌木海岸），到 17 世纪末又青睐于卡利卡特等地及孟加拉地区。而进入 18 世纪后，与中国广东之间的贸易则开始成为其贸易的核心而备受重视。

咖啡与东印度公司

上述东印度公司在广东展开的贸易活动随着茶叶进口的升温日益兴盛繁荣。而 18 世纪英国国内之所以形成了如此规模的茶叶进口热潮，是因为在茶中加入砂糖饮用的习惯广泛普及了。在英国，其实最初赢得人心的是绿茶，其优雅细腻的口感深受人们喜爱。但是进入 18 世纪后，红茶逐渐取得了优势，喝茶时加糖的习惯在各地风行起来。

砂糖出产于印度、孟加拉等地区，过去最远出口到波斯。但随着饮茶习惯的普及，西印度群岛出产的砂糖也以惊人的速度，同样也是以越来越便宜的价格被不断供应到欧洲。于是，当中国茶叶和西印度群岛的砂糖结合在一起后，"下午茶时间"（tea time）便在英国人的家庭中诞生了。

单纯从与东印度公司之间的关联而言，咖啡的重要性远远高于砂糖。咖啡较之茶叶，更早被欧洲人所知。即便是在英国，人们饮用咖啡的年代也可推溯到 17 世纪初叶的詹姆斯一世时代。以经验论哲学闻名的弗朗西斯·培根（Francis Bacon，1561—1626）也曾留下过关于咖啡的笔墨。但是，这一时期，英国的咖啡进口业务由利凡特公司经由东地中海渠道一手承办，还没有与东印度公司产生关联。

东印度公司的咖啡贸易起步于 17 世纪 60 年代之后，大概略早于茶叶进口贸易。当时东印度公司进口的咖啡是红海岸的摩卡咖啡以及也门咖啡。这些咖啡首先会被运到印度西海岸的苏拉特，接着被送往锡兰岛（斯里兰卡旧名），继而再被装载到返回欧洲的商船。由于当时利凡特公司经由地中海渠道的进口贸易还十分兴旺，因此东印度公司与利凡特公司便以并驾齐驱之势进行着咖啡的进口业务。

17 世纪 60 年代，牛津、伦敦等城市出现了一些咖啡厅，而为它们提供咖啡豆的正是利凡特公司和东印度公司这两大公司。

进入 18 世纪 10 年代以后，英国东印度公司的"咖啡之船"绕过非洲好望角，建立了与红海摩卡之间的直接贸易。于是，从这一时期起，伦敦每年都会出现由"咖啡船"直接运回的进口咖啡。利凡特公司长久以来的传统咖啡贸易，因此最终走向没落。而东印度公司则在这一时期成功革新了咖啡的进口路线。

作为商业公司的繁荣景象

如此一来，在以英国为首的欧洲各地，人们对茶叶、咖啡以及巧克力的消费开始了，继而在更大的范围内逐渐普及。并且，伴随着对这些商品的消费的普及和市场的扩大，人们对陶瓷器物的需求也相应增大。自18世纪起，中国陶瓷器皿的人气全面上升，其进口也随之成为东印度公司任重而道远的业务项目。

因为用稻草包装的陶瓷器皿不会窜入其他商品的气味，因此十分适合与茶叶一并装船运载。虽然不久后，中国陶瓷器皿被切尔西等英国国内产地仿造，但是人们对正宗上等陶瓷器皿的热情始终未曾衰减。就绢而言，英国东印度公司最初主要进口的是波斯绢以及卡西姆巴扎尔生产的印度绢（绢丝或绢布），但到了18世纪30年代以后，东印度公司又转而对中国绢表示出极大的兴趣。

在南海泡沫事件爆发的1720年之后，英国国内尽管存在着重商主义者和工厂手工业者的反对，但不论从哪一种商品来看，东印度公司都将它的贸易范围从印度扩展到了中国。并且，通过进口包括棉织物、绢等纺织品、原棉、茶叶、咖啡、巧克力等奢侈品以及中国陶瓷器皿等多种多样的亚洲商品，东印度公司迎来了其作为贸易商业公司引以为豪的繁荣盛世。

18 世纪 20～30 年代，东印度公司的年销售额不断刷新纪录，由 150 万镑增长到 200 万镑，在利润丰厚的年份，甚至达到 60 万～70 万镑。虽然收益额在不同的年份呈现上下波动的情况，但 1727～1732 年的纯利润相较于投入的资本仍创下了年均 14.5% 的高利润率。此后直到 1745 年，年平均利润率维持在 4% 的较低水平上。不过，对于主要从事消费商品进口的商业公司来说，这一营业状态仍可谓安泰祥和。

于是，这一时期，东印度公司按照 8% 的固定股息率向股东支付红利。而当时的人们也早就心怀期待，认为分配到的股息理所应当是公司债券利息的两倍。正是为了响应人们的这一期待，东印度公司才定下了 8% 的固定股息率。因此，当股息率下降到 8% 以下时，股东大会里就不免会出现不满的声音。

东印度公司股票的人气

但是，出现难以按照 8% 的股息率分配红利的情况也并不耸人听闻。1732～1733 年，东印度公司陷入了严重的经营危机。事情的原委是，由于公司的主要董事未能妥善处理驻孟加拉的公司职员和在中国从事贸易货运的人员不满意的问题，东印度公司出现明显的经济衰退。同时，外国的小型东印度公司也参与竞争，加上茶叶走私行业日益兴旺，这些都导致公司收益情况严重恶化。1733 年，公司的纯利润率仅为 4%。无奈之下，公司董事决定将 8% 的股息率改为 6%，并在股东大会上加以宣布。股东们当然不会对减少红利的这一决定感到欢欣鼓舞，他们有组织地采取了抗议活动来抵制董事会。其中一位股东代表主张："作为对董事会减少红利的补偿，必须降低公司债券的利息！把 4% 降到 3%！"

结果，公司债券的利息降到了 3.5%。可是，董事会在股息率 6% 的问题上始终不肯让步。最后在投票决定的方法下，股息率被定在 7%，事情才告一段落。但是，对股东大会不满的人，仍愤愤地在董事选举大会等场合下继续进行抗争。至 1735 年，这场股息风波才最终归于平静。此后直至 1758 年，董事会也一直风平浪静。

继沃波尔之后，亨利·佩勒姆（Henry Pelham）登上了首相之位，并兼任首席财务大臣之职。在其 1750 年推行的改革之下，东印度公司股票在伦敦金融市场的重要程度到达了前所未有的新高度。

在卡洛韦咖啡厅、乔纳森咖啡厅，聚集着从事东印度公司股票买卖的股票经纪人和证券业者，他们经济实力雄厚，构成了一个重要的社会阶层。

由于股票交易的盛行，政府从 1761 年前后起，开始筹备建立一个统一管理他们的机构，最终在 1717 年成功创立了伦敦证券交易所。实际上这一时期，无论在哪一处的交易所购买东印度公司股票都非常安全，其保险系数几乎和购买政府在战争时期发行的国债或者其他类型的政府年金无异。虽然其中也不乏股票投机家的炒卖行为，但东印度公司的股票完全不同于以往南海公司那样的投机性强的股票，拥有它就等于拥有了"最高担保"。

活跃的外国投资家

拥有 1 万镑以上东印度公司股份的人共计 47 名。其中，三位贵族、一位贵族未婚女性和一位家财万贯的未亡人是永久投资人，而其他股东则是来自伦敦富裕阶层的商人、银行家、经纪人、证券业者等。但是，在当时的英国，人们多数情况下更青睐于选择土地这种固定财产进行投资。因此，极少有人指望通过东印度公司的股票来保本赚钱。

股票市场真正吸引的反而是荷兰等欧洲大陆国家的投

机者的关注。这些投资家们纷纷从欧洲大陆古老而发达的商业中心来到英国。当然，荷兰的投资家们并没有将东印度公司作为唯一的投资对象。实际情况虽然如此，但当时的人们却认为，1730 年东印度公司至少已有三分之一的股份落在了外国人手中。

分析 1728 年东印度公司股份管理账簿中的投资者记录会发现，其中 15% 的股东显得格外令人瞩目。他们平均持有的股份份数与英国股东所持份数不分上下。其中，有 8 名外国人分别拥有 2 万镑或 2 万镑以上的金额的股份。

上文中所提及的拥有 1 万镑以上股份的 47 人中，有 9 人生活在国外。总而言之，外国人的资本和居住在伦敦以外地区的英国人的资本都流入了东印度公司的股资，而这种资本增长是建立在委任状使用情况增多的基础之上的。

东印度公司董事会强调，进行股票买卖时，买家和卖家都应前往印度馆。丹尼尔·笛福曾在《摩尔·弗兰德斯》① 中这样描写道："假如我想把它们处理掉卖给别人，就不得不进城。"不过进入 18 世纪后半期，委任状在主

---

① 丹尼尔·笛福于 1721 年创作的小说，讲述了奇女子摩尔的一生。——译者注

要股东之间的使用已经变得极为普通了。

战争的成败、国债利息的变动、投机者和投资家们的计算与失算，所有因素都会影响到东印度公司股价的上涨或下跌。虽然如此，但是股东们，其中也包含外国投资家，对东印度公司股票的信赖始终未发生半点动摇。

直到 1765 年东印度公司的性质开始发生转变的时候，罗伯特·克莱武（Robert Clive）的助手仍在劝告克莱武："您知道东印度公司的股票绝不同于其他公司的股票。其他公司的股票可任由买方购买，可是，东印度公司的股票在市场中流动的份额却为数不多。"东印度公司的股票俨然已经成为投机性较弱的安全投资对象。

9

Nabob 时代

普拉西战役与布克萨尔战役

1757 年的普拉西战役不仅是一场对英国东印度公司具有重要历史意义的战役，也正是以这一战役为转折点，英国开启了对印度领土进行实际统治的历史。作为英属印度殖民地形成的第一步，它也具有划时代的意义。这场战役在印度孟买同样掀起了一场巨大的甚至被称为"革命"的转变，促使英国本土对印度采取了与以往完全不同的对策。

简而言之，这场战役意味着英国至今对印度的商业性入侵开始转变为在领土、行政方面的入侵。不过，单就东印度公司而言，他们主张自身一如既往地以商业利益为唯一目的，并希望通过主张这一目的，来防止东印度公司商人以外的政治家等对其指手画脚。

在普拉西战役之前，东印度公司曾在卡那提克之战等战役中多次与法国势力争雄。但英国人自己的解释是：这些战争都是为了追求商业目的、应对治安问题而进行的自卫战争，仅是为保卫自身免受欧洲敌对势力的侵犯而采取的武装行动。

在孟加拉地区普拉西爆发的与法国间的战役，基本上也与以往的战役情况相同。只不过，这场战役与其说是英法之战，不如说是当地的两股势力（行政官）之间的斗争。这场战役中的英国人与法国人，实际上只是英、法为回应当地势力的求助而派遣出去的援兵。

然而最终英国方面赢得了胜利，并获取了在孟加拉地区的自由通商权等。之后的 1760 年，行政官米尔·卡西姆（Mir Qasim，亦称 Itimad ud-Daula）企图夺回对孟加拉的控制权。于是，英国东印度公司便以此为由，于 1764 年再次出军，布克萨尔战役爆发。结果，东印度公司获得了这里的"dewan"（亦称 diwan）。

"Dewan"指执掌征税和财政事务的大臣的权力。而就在 1765 年，莫卧儿帝国的皇帝将孟加拉、比哈尔、奥里萨这三地的征税权都授予了东印度公司。

但是，这并不意味孟加拉等三个地区的领土归属英国。莫卧儿帝国也根本不可能把它们割让给英国，在孟加拉等地仍一如既往地设置莫卧儿人的地方行政官。只不过，他们不再拥有财政权，实际上沦为了仅仅领取年金的傀儡，一切财政方面的事务都要在英国人的监管下处理。

来自征税权的收益

总而言之，东印度公司在莫卧儿皇帝的授权下获得了将上述三个地区的土地税收等归为己有的权利。

根据 1765 年 5 月第一代财政长官罗伯特·克莱武所做的预算可知，在除去各种经费开销后，土地税收一年为东印度公司带来的纯利润为 165 万镑。上文中笔者曾叙述，18 世纪 20~30 年代，东印度公司在伦敦的商品销售额在 150 万~200 万镑，1743 年达到 200 万镑，1744 年为 169 万镑，1745 年为 180 万镑以上。但这些销售额都建立在向东印度运输商品、金银，并且花费了运输费等成本的基础上。

与此相对，一年 165 万镑的土地税却是不需要花费手头一分一毛就能轻易入手的收入。因此，英国人听闻这一消息后都备感震惊。经营状态最好的年份也只有数十万收益的东印度公司，仅凭财政税收权就获得了 165 万镑的额外利润。

虽然东印度公司主张：获得财政税收权仅仅意味着掌握了征税权，与政治或行政方面的支配权毫无关系，但实际上，通过获得财政税收权，东印度公司开始向完全控制孟加拉政治的方向迈出了第一步。

当时，莫卧儿王朝的地方行政在很多方面都呈现萎靡涣散的状态，像孟加拉这样的边远地区则更是如此。最终，土地税的负担被压在了农民的肩膀上，但是，从农民那里征收的税收并没有全部纳入国库。征收来的农民财富，被众多相关者以种种合法或非法的形式装入私囊，剩下的一部分才会流入国库。因此，即便东印度公司获得了财政税收权，如果行政官缺乏行政能力，税收也难以如人所愿地顺利流入国库。

但是，在英国国内的人不这么认为。除了那些真正了解东印度公司在印度当地的财政实情的人之外，人们得知克莱武获得财政税收权的消息后都坚信，东印度公司的财富一定会很快出现显著的增长。

东印度公司的高官们也认为，在孟加拉以税收形式获得的收益可以采取各种途径运回本国。

而有了这些收益，输送回英国的印度商品必然会大幅度增加。另外，将这些收入转送到茶叶的购买地——中国，东印度公司向亚洲输出金银的负担也可以得到减轻。但事实上，由于驻孟加拉公司职员的私欲，东印度公司虽然拥有了财政税收权，却未能将人们所期望的利润送达伦敦；然而，在英国本土的人们却还在描绘东印度公司利润显著增长的蓝图。

股价的急速上升与《东印度公司管理法》

由于本土国民的期待过度膨胀，至此为止相对平稳的东印度公司的股价急速飙升。如笔者在第八章的结尾处所述，在 1765 年以前，东印度公司的股价还处于低调而无闻的稳定状态。可是，从 1766 年起，它却迎来了异常的人气。

不论是在伦敦市场，还是在阿姆斯特丹、巴黎的金融市场，东印度公司的股价都被卷入了一种投机性质明显的利益关系之中。这股投机热潮，随之迅速改变着东印度公司股票作为安全资产（担保）的性质。股票价格上下剧烈浮动，并同时呈现总体攀升的趋势。1766 ~ 1767 年，东印度公司的股票完全陷入了投机狂潮所引起的混乱之中。

在股价剧烈浮动的行情下，东印度公司股票投机者的炒作分外活跃，不禁令人联想起南海恐慌时的情景。并且，更为严重的是，这些投机者们不仅虚张声势地牵引着市场的走向，还导致公司内部的门派斗争愈演愈烈。最终，这一系列炒作行为引起了 1772 ~ 1773 年世界规模的信誉危机以及股票市场的全盘崩溃。

这一时期，东印度公司由于受荷兰竞争等因素的影响，面向美国市场的茶叶生意一蹶不振。

如上文所示，茶叶由于被课加了将近 100% 税率的关税而变得价格不菲。因此，有大量未出手的茶叶都沉睡在仓库之中。并且，自 1765 年以来，股东们要求增加红利的呼声不断。为响应这一呼声，1771 年 3 月，股息率被提高到 12.5%。此外，早先向政府承诺的 40 万镑上缴款项至今还未兑现，用于管理印度当地军队及其他事务的费用又不断增多。于是在诸多因素影响之下，东印度公司的财政状况被逼到了几乎无计可施的险恶境地。

为打开这一僵局，政府介入并制定了法令。1773 年 6 月《东印度公司管理法》① 正式实行。一言概之，这代表政府初步展开了对东印度公司在印度经营的统制。

为挽救东印度公司的财政困境，政府决定向其融资 140 万镑，除此以外，同时在茶叶的再出口贸易方面也对其进行全面支持，授予了其许多大而有利的权限；其次，有关孟加拉行政方面的事务，则确定了由国王任命的最高会议来负责管理的对策。

在以上背景中诞生的由一名总督和四名评议员构成的最高会议，在其后的历史中权倾印度，实际上成为为英国在印度奠定了统治基础的机构。

---

① 1773 年，英国议会通过了诺斯勋爵（Lord North）提案的《东印度公司管理法》（Regulating Act of 1773）。——译者注

总督沃伦·黑斯廷斯

1750 年，18 岁的沃伦·黑斯廷斯（Warren Hastings）以东印度公司文员的身份远渡至加尔各答。这一时期同样朝着加尔各答启程的另一个文员说道：

> 我想我至少会在那里待上 15 年或 20 年。那时，我也许已经成为知事。即便没有成为知事，大概也存下了一笔能过上真正绅士生活的财产了。

当时，沃伦·黑斯廷斯或许也是怀着与此相同的期望踏上了印度土地的。并且，十分幸运地，他成为罗伯特·克莱武的后继者，于 1772 年被任命为孟加拉知事；之后又由于《东印度公司管理法》的实施，按照规定在 1774 年成为第一任孟加拉总督。同时也正是他，为已然发展为"大英帝国"的英国将政府权力徐徐渗透进印度的每一个角落，迈出了具有决定性意义的历史性的一步。

孟加拉原本在印度是拥有最得天独厚的农业生产条件的地区，但由于东印度公司在获得财政税收权之后对农民施加了严苛的税收政策，因而当地的农业生产和手工业生产相继出现了衰退萎靡的现象。1770 年发生的大饥荒又雪上加霜，东印度公司甚至连较低的土地税也无法征收到。它在孟加拉当地的财政状况陷入了极为恶劣的局面。

被任命为总督的黑斯廷斯不得不立即着手改善这一状况，他采取了将公司所有土地转卖给实力雄厚的印度当地人、改革货币制度、尝试建立银行、废除国内关税（道路税及其他）等措施。

而在黑斯廷斯采取的财政解决策略中，最具有强制性色彩的是将盐产业交由东印度公司独家经营的方案。这是一种先向制盐业者贷款、监视其生产，再按照东印度公司规定的价格来购入、独占其产品的方法。继盐产业之后，黑斯廷斯又完成了对鸦片行业垄断的强化。1776 年甚至还发生了原本种植谷物的田地突然被种满罂粟的事件。此外，他改善了土地税的征收方法，对地主也进行了警告，要求他们保护农民，以防止出现农民无力缴税的情况。

1783 年返回英国后，他被埃德蒙·伯克（Edmund Burke）等人以压迫印度民众的罪名弹劾。的确，他采取的一些措施理应受到指责，但同时，英国在印度的初期统治成果可以说完全是他一手缔造出来的。

皮特的《印度法》

从本章开篇所提及的普拉西战役爆发的 1757 年开始，

东印度公司

东印度公司接连经历了财政税收权的获得，以及议会、政府对东印度问题的介入事件，处在一种不稳定的状态之中。而这种状态，随着皮特提出的《印度法》在 1784 年成立，暂时得以恢复平静。

概言之，这是一部强化政府对东印度公司管理权的法令，更是一部针对东印度公司从原先的商业集团转型为一个支配领土的权力机构的"回馈"。

从以政府、议会为首的英国本土居民的立场而言，东印度公司在印度占有的领土不单纯只是商业公司的所有物，同时应归服在国王的权杖之下。况且还有一些人认为，统治领土内居民之类的事情，民间公司是绝无法胜任的。但是，正如上文所叙述的那样，东印度公司方面主张自身没有对领土进行统治，仅仅是出于保护并追求商业利益的需要才获取了财政管理权，自始至终强调公司所获得的仅为税收权。

笔者认为，在这场争论中，东印度公司作为商业资本企业的本质被淋漓尽致地体现了出来。尽管东印度公司做出了以上声明，政府和议会还是相继实施了《东印度公司管理法》、皮特的《印度法》来强化对它的统制权，其理由则如下所述。

这一时期，一群从印度返回的被称为"nabob"的人，常常故意炫耀他们在印度获得的财富。至少在与印度无任何瓜葛的英国本土民众的眼中，他们是这样的。并且，在普拉西战役和东印度公司获得财政管理权之后，以孟加拉地区为代表，在整个印度，一般民众的生活都陷入了极度贫困的状态。而这一状态，正是所谓"nabob"的那群人无止境地压榨和掠夺他们财富所造成的后果。印度当地的东印度公司职员的肆意妄为，将印度民众推进了水深火热的痛苦之中。英国本土的人们认为，这种状况必须得到改善。

由于美国的独立，制定《东印度公司管理法》的诺斯勋爵颜面丧尽。基于这一原因，其后继者皮特才制定了《印度法》。

《印度法》的内容主要有以下两点：其一，英国政府在事实上掌握总督、知事、司令官——驻印度高级官员的任免权；其二，设置监督东印度公司各项事业的政府机关，这一政府机关监督局的三位委员拥有检阅东印度公司账簿等书面资料的权力。

如此一来，英国政府对英国东印度公司的统制权得到了进一步的强化。不过在形式上，政府与东印度公司仍处于相互合作、共同处理印度相关事务的关系之中。

托马斯·皮特的活跃

18 世纪后半期，英国正在向着发展为大帝国的目标前进。而此时牢牢掌控了英国政局的人正是《印度法》的制定者——威廉·皮特（William Pitt, the Younger）。皮特父亲的名字也叫威廉·皮特（William Pitt, 1st Earl of Chatham）①，他也曾担任首相，并在七年战争等战役中领导英国走向了胜利。

制定《印度法》并推动东印度公司和政府之间建立协作关系的小皮特，年仅 24 岁时便出任了首相之职。这其中不乏其父亲权威庇护的作用。不过，我们在此要关注的是，培养了父子两代英国伟大首相的皮特家族实际上与东印度公司之间有着颇深关联的事实。

查塔姆伯爵威廉·皮特的祖父——托马斯·皮特（Thomas Pitt），在 17 世纪末东印度公司分立为新旧两派时，以旧东印度公司驻马德拉斯长官的身份在东印度积极地开展商业活动。实际上，他还未满 21 岁时，就已经是一名从事东印度贸易的非法商人了。

1674 年，在没有被认可为东印度公司合法商人的情况下，他居住在巴拉索尔。由于在和东印度公司的竞争过程中遭到罚款等处置，他不久后返回英国。1690 年，他通过购买土地当上了国会议员。1693 年，他再度出海，

---

① 第一代查塔姆伯爵，通称为老皮特，为英国第九位首相。其子小皮特为第十四位首相，也是英国历史上最年轻的首相。两者皆被认为是英国历史上最伟大的首相之一。——译者注

重回巴拉索尔。在这一时期，他与东印度公司当局达成了和解，1698 年成为圣乔治堡（马德拉斯）长官。当时他效力于旧东印度公司，在 1702 年新旧两派合并为联合东印度公司之后，继续留在了马德拉斯。

在马德拉斯期间，他四处寻找钻石矿源，并常常将收获的钻石作为收益运回总公司。最初在 1701 年，一位印度商人揣着一颗重量达 41 克拉的钻石原石来到他的面前。据说那颗钻石发现于奎师那河流域的帕蒂尔矿山。此后，1702 年 10 月，他让长子罗伯特·皮特（Robert Pitt）将这颗价值为 20400 镑的钻石带回了英国。这颗钻石在伦敦经过工匠加工之后，经由约翰·劳之手，以 13.5 万镑的价格卖给了法国摄政王①。而"钻石皮特"之名便来自托马斯的这笔钻石交易。

就这样，自 1710 年以后，托马斯·皮特用其在印度聚敛的财富购买了多赛特郡（Dorset）以及康沃尔郡（Cornwall），并多次当选为国会议员。他的一个儿子还被授予了伦敦德里伯爵的头衔②，孙子和曾孙威廉·皮特二人也如上文所述，成为掌控 18 世纪后半期英国政界的巨头。

---

① 指法国摄政王奥尔良公爵伊沙克·阿本戴纳，由他命名的这颗钻石就是闻名于世的摄政王钻石。——译者注

② 指里奇韦·皮特，第三代伦敦德里伯爵（Ridgeway Pitt, 3rd Earl of Londonderry），托马斯·皮特自身为第一代伦敦德里伯爵。——译者注

东印度公司

Nabob（印度暴发户）

翻阅英日辞典可见，nabob 意为：18 世纪及 19 世纪初期在印度成为富豪又回到本国的英国大富豪、大财主。莫卧儿帝国时代，人们将信仰伊斯兰教的印度行政官、地方长官或其他名仕称为 nawab，而 nabob 便是从这个词语中派生而来的。nawab 本身也有"印度暴发户"的意思。

总之，人们在使用 nabob（印度暴发户）这个词语的时候并不都心怀敬意。面对从印度归来的富人，人们或以羡慕的目光，或以辛辣的批判，或以嫉妒仇恨的情绪，将他们称为 nabob。

活跃在孟加拉、马德拉斯的东印度公司职员，通过收受当地行政官、大商人、有权有势者的高额财礼等方法，不择手段地丰盈着私囊，短短一段时间就能聚敛一笔可观的财富。当他们返回祖国时，生活在英国本土的人们都对此大为惊叹。

例如通过走私生意发迹、1710 年成为大地主、多次获得国会议员席位的托马斯·皮特就是上述 nabob 的先驱。然而，在 18 世纪前半期，拥有 nabob 那样的财富和名声，却还没有成为那些被应聘为东印度公司文员和代理人——从英格兰、苏格拉远道而来的年轻人的人生理想。

Nabob 时代是在本章开篇所记的普拉西战役之后，东印度公司作为商业公司的性质发生转变之后，才真正开始的。18 世纪 60 年代，在政治行政权的重要性还未超越经济活动之前，社会上还没有多少像托马斯·皮特这样的nabob。

在普拉西战役之后，自 1765 年东印度公司获得财政税收权起，nabob 作为新兴暴发户活跃的时代才真正到来。他们在印度大规模地并且是以极其恶劣狠毒的手段榨取了巨额的财富，带回本国，在人前炫耀。

东印度公司的这些被称为 nabob 的暴发户员工陆陆续续地将他们的大笔财富带回祖国，可是东印度公司本身却因账簿上出现的财政赤字，不得不向政府提出了贷款申请。而这正是 18 世纪 60～70 年代英国本土的东印度公司的真实状况。种种焦躁和嫉恨的情绪，突然向生活在伦敦的公司股东及其他利益相关者袭来。"东印度公司滥用财政税收权，对印度民众横征暴敛"，"公司内部职员的腐败问题严重"，种种质疑和谴责的声音在四处响起。

政界与东印度公司

这些谴责与不满在政府、议会方面也引起了越来越大的反响。于是，政府通过《东印度公司管理法》、《印度法》的立法形式，实施了将东印度地区的行政、裁判事务置于政府监控下的策略。

关于东印度公司在印度尤其是在孟加拉虐待民众、实施暴政的新闻传到英国民众耳中时，常常会被渲染得骇人听闻。当时拥有东印度公司股票的人已经非常多，在印度开设交易点的人也不在少数。因此，人们对在印度所发生的事情，很难以冷静的态度去看待和处理。

加之，罗伯特·克莱武及其他在这一时期回国的nabob 展现给人们的是一副令人瞠目结舌的富豪姿态。于是，关于他们的丑闻就分外流行起来了。

当时的政治家们也预感到，由独立于英国政府权力之外的大不列颠人（东印度公司）所建立的大帝国（印度）面临着巨大的危机。因此，大臣们决定开始干涉东印度公司对印度的统治。

政治家查尔斯·詹姆士·福克斯（Charles James Fox）和埃德蒙·伯克（Edmund Burke）便是这一时期弹劾东印度公司的先锋。第一代孟加拉总督沃伦·黑斯廷斯等人也受到了他们的责难和攻击。议会对黑斯廷斯的审问一直持续到 1795 年。

然而即便如此，18 世纪 60 年代以后 nabob 的势力又进一步发展壮大。1765 年 12 月，他们中有四人取得了下议院的议席，1774 年 11 月增长到 13 人，1783 年 11 月甚至出现了 18 名身为 nabob 的下议院议员。

　　另外，在 nabob 中还出现了就任东印度公司董事、把持股东大会的人物。而他们之所以可以做到这些事情，都是因为他们拥有雄厚的财力，可以轻易买到股东大会的投票权以及下议院的议席。在当时的英国社会，想要走上通往贵族地位的道路或是享有社会声誉，成为下议院议员或东印度公司的干部是必经的第一步。

　　这些 nabob 及其相关者们构成了一个印度利益关系网，被人们广泛地称为孟加拉团。用当今的话来说，他们属于一种势力集团。在他们的集团中，存在着和以马德拉斯为中心的科罗曼德尔海岸地区的印度土豪关系紧密的人，也有总督沃伦·黑斯廷斯的友人和支持者——那些在孟加拉地区获取了利益的人。在 1783 年 11 月的议会上，包括与他们同声共气的支持者在内，共有 31 名议员来自孟加拉团。

　　除了这些从印度归来的 nabob 集团，1783 年 11 月的议会中，同时还有 27 名议员来自在伦敦供职的东印度公司的相关人士。他们中有公司的重要官员、大股东，东印度公司船舶的船长、船主以及船舶管理人。因此，这就意味着将近有 60 名东印度公司派系的议员在皮特的《印度法》拍板定案之前一直守候在下议院的会场中。

　　议会和政府即便要对东印度公司实施监察和监督，也并非一件轻而易举之事。反倒可以说,《印度法》是政府与东印度公司之间达成妥协的产物。

Nabob 在印度的生活

沃伦·黑斯廷斯担任孟加拉总督时期,一个在印度停留了数月的英国人记录下了一位居住在孟加拉的英国富豪的日常生活:

早上七点左右,门卫打开了大门。接着,宽敞的回廊也开放了,以便仆从、信使、保镖、管家,以及文员、事务员在此待命。到了八点钟,男仆总领和佣人管家进入大厅,前往他的寝室。这时会有一个女人从他的寝室离开,而我则会被带到私用楼道的一侧,或被领到庭院外面。

当主人的脚从床上伸出来的那一瞬间,所有守候在外的仆从都立刻向他的房间走去,然后一个接一个地向他行额手礼(回教教徒的行礼方式)。当他一动也不动地让仆人们伺候他穿衣服时,我想,即使他把自己当成了一尊雕像也不至于到如此地步吧。

早茶和烤面包由佣人们备好,摆放在早餐饮茶的起居室内。这位绅士便在发型师为他整理头发的时间里，交替地一会儿吃一口面包，一会儿又啜饮一口早茶。他十点钟时去事务所，下午两点时回来进餐。……而除了这些，东印度公司的干部们就绝不会再做其他任何努力了。可是，可观的财富却越积越多，令人不敢正视。

很显然，在这段记录中，与其说注入了作者对驻印度英国富豪的艳羡之情，不如说字里行间处处流露出一种敌意。但是实际上，一天只需要专注工作两个小时到三个小时便足以累积大笔诱人的财产——这样的描述却与事实相差甚远。作者所说的早上八点起床也不正确。多数情况下，事务所的交易工作在七点钟便已经开始了。而这一时期，加尔各答也已经传入了不少伦敦的流行事物和生活习惯。因此，对于有钱人，加尔各答的生活的确没有多少苦楚与不便。但东印度公司官员们的生活，却比文中的这些人要忙碌许多。

不过，关于佣仆的人数，这段记录并非夸张。除了记录中所提及的，还有专门负责准备和搬运水烟的佣人、提灯笼的佣人、跑在主人车后的随行者、传话使者等。一位 nabob 曾说，他离开印度时留下了 63 名佣仆。据说佣仆多的家庭，算入女仆的话，其雇用的人数甚至会多达 100 名。

Nabob 的财产

"在孟加拉奢华而又怠惰的生活中长大的人，在英国是绝对无法生存下去的。"罗伯特·克莱武曾这样说过。那些结束了印度的工作回到本国的人，虽然没有克莱武所说的那样极端，但其中希望过放松安逸生活的人非常之多。因此，想要开创一番新事业的人也就少之又少。

在这种氛围下，从印度归来的人所憧憬的就是以一位成功绅士的身份走完他的一生，靠着自己领地的收入在乡下过田园诗般的生活。而把在印度积蓄的财产投资成国债，或是通过收取抵押向其他地主贷款的形式，也是他们的生财之道和自立的方法。远渡印度之前原本是地主儿子或是圣职者之子的人，总是无法忘怀田园生活的魅力。即便是出生在商人家庭的人也倾心于乡间田野的优雅生活。不管如何，最重要的是，在英国这片土地上，绅士长久以来都被社会所尊崇，他们是一个接近于政治名士的阶层。

在 18 世纪的英国，想要进入这样的绅士阶层（地主家族）到底需要多少收入呢？当今的学者们通过计算指出，这大概需要数百镑到约 5000 镑的收入。格雷戈瑞·金（Gregory King）曾制作了一张关于 17 世纪末英国人家庭收入的统计表，当时的绅士阶级家庭大约有 1.2 万个，他们的年收入为 280 镑，而年收入为 3200 镑左右的贵族阶级家庭则大约有 160 个。由此可知，当今学者关于 18 世纪末的推论是比较稳妥的。

1778 年，一个从印度归来的苏格兰人考虑购买一座条件适宜的住所及其周边的土地，这需要 2 万镑资金。他之所以这样考虑，是因为一旦有 2 万镑资金，就能购买到每年可产生 500～600 镑收入的土地，继而就可以过上名副其实的绅士生活了。

虽然不可能人人都过上绅士生活，但也有人在印度生活了 13 年之后抱得娇妻而归，又用 5000 镑在约克郡购买了 135 英亩的土地，建造了自己的家园，在小地主的生活中找到了人生的幸福。

> 我拥有足够自己工作的土地。生活中只要有足够家人用度的小麦、蜂蜜、牛奶、牛油，以及喂马的玉米和干草就足够了。

如果追求的仅仅是这样的生活，那么从印度回国的富豪们或许也就不至于成为人们艳羡的对象了。克莱武曾对他的朋友说，他一定要赚够 4 万～5 万镑才回国。

总之在普拉西战役之后，凭借收受印度行政官的巨额赠礼和在贸易方面获得的丰厚利润，英国出现了一位史上

东印度公司

最富有的地主，以及一名带回的财富可与西印度群岛最成功的种植园园主相媲美的富豪。

同时，也不乏购买大厦、广袤的领土，甚至竞选区的政治权力的归国者。而罗伯特·克莱武便是这些人的早期典范。还有一位富豪原本在英国就已经拥有 9 万镑的资产，从孟加拉带回 10 万镑的财富之后，又在赫特福斯特地区购买了自己的领地。毋庸置疑，诸如这样的人才是真正名副其实的 nabob。

10

从商业公司到殖民地统治者

"恐吓"与"掠夺"

印度学领域的权威岩本裕教授在其著作《印度史》中写道：

> 印度自古以来就是一个富裕的国家。然而，在1766～1768年的三年间，相对于624375镑的印度进口商品的金额，印度出口商品的金额却达到了6311250镑。也就是说，输出商品的金额是输入的10倍。其次，孟加拉州的地租在1764～1765年为81.7万镑，而翌年1765～1766年却增长到147万镑，18世纪末的1793年又上涨到340万镑。

此外，岩本教授还阐述道："这一时期，英国东印度公司的营业部职员"们在印度所运营的"商业"实际上就是"恐吓"与"掠夺"。

很显然，这段话如实地描绘了普拉西战役之后，英国东印度公司获取财政税收权后给印度方面带来的国情变化。

在此之前，东印度公司一直未能改变长久以来通过从本国输出白银来购买印度棉织物和中国茶叶的贸易模式。然而，在获得财政税收权之后，输出白银的必要性随之消失了，贸易收支问题也迎刃而解。

但这一现象同时也意味着，东印度公司没有一如既往地停留在纯粹的贸易公司、商业公司的定位。虽然它保持了商业公司的称谓，但实际上已经转变为一种同时进行殖民统治的综合性商社，或是一种具有更多职能的机构。

借用岩本教授的话来说，在此之后真正开始兴旺的不是"营业"，而是"恐吓"与"掠夺"。由此，东印度公司终于成为一个巨型赢利机器。于是在英国国内，东印度公司的股票价格开始上涨，人们期待着只要能以东印度公司营业员的身份去当地工作，就能拥有在国内无法获取的财富而摇身变为 nabob。

然而，普拉西战役和财政税收权的获得在印度当地所造成的后果，却并不仅限于以上所述的内容。"印度兵"（sepoy）的出现便是另一后果。不久后，在英国国内工业革命的进程中，正是由于这些"印度兵"的大叛乱，东印度公司最终迎来了它分崩离析的时刻。

印度佣兵

爆发于1757年的普拉西战役，为英国人打开了对印度进行殖民统治的大门。这一时期，英国东印度公司军队的总指挥——克莱武，首次雇用了印度士兵参与战争。这些印度佣兵被英国人称为“sepoy”，不过这个词语仅仅特指东印度公司所使用的佣兵，与英国本土或政府没有直接关联。

这些印度佣兵多出身于印度社会中身份较高的阶层[①]。按宗教信仰而言，他们之中除了伊斯兰教徒以外，也有印度教教徒。这些人大多纪律严明，作战能力强，在此后一连串的战役中都取得了优良的战绩。因此，渐渐地，越来越多的印度人被雇用进军队，并发展为一股强大的军事力量。

普拉西战役的爆发，距离1857年的“印度兵”大叛乱刚好100年。在这百年间，英国不断进行着对印度各个地方的征服战争，最终将印度全境都纳入了自身的掌控范围。而印度佣兵，就是以先锋兵的身份出现在东印度公司

① 指印度的种姓制度。一般认为，公元前600年前后雅利安人侵入印度后，为保护自身政权和保持各种工作都有一定的人数从事，创立了这一制度。该制度将人分为四个等级，即婆罗门、刹帝利、吠舍和首陀罗，而各种姓之下又派生出不同的次种姓（亦称亚种姓）。之后为了适应伊斯兰征服者以及英国殖民者的需要，该制度逐渐演化为固定僵化的阶级体系。——译者注

征服印度的这场战争中的。

从一开始，他们就是为了金钱而受雇站在英国东印度公司一方作战的，不但在征服自己骨肉同胞的过程中充当了帮手，并且还在那些战役中取得了斐然的战绩。

随着侵略战争的扩大，印度佣兵的人数也不断增多，从最初的 2000 人膨胀为 100 年后的 20 万大军。而 1857 年爆发的大叛乱，正是由这 20 万大军发起的。总而言之，印度佣兵虽然是土生土长的本地人，却受雇于英国人，成为其扩大殖民地统治的帮凶，他们的存在确实令人匪夷所思。

当然，他们基本上都受英国将领指挥派遣，并不是自己主动去冲锋陷阵的。并且在印度，佣兵也并不是什么稀罕新奇的事物。

除了印度人以外，其他外国人佣兵的数量也非常之多。例如印度方面的势力，就时常雇用阿拉伯人佣兵。英国东印度公司中，即便有印度人被雇用了，似乎也不会引起人们的诧异。虽然如此，"sepoy"成为英国殖民统治的先锋队的事实却仍可谓是一种极为奇特而又异常的历史现象。

东印度公司军

但是，这种特异性并不单单体现在印度方面，作为印度兵的雇主——英国东印度公司，其行动难道不也同样怪异吗？

　　东印度公司是一家贸易公司，其性质原本属于商业公司的范畴。普拉西战役之前自然如此，即使在普拉西战役之后，东印度公司也一直自称商业公司。笔者在上文中也叙述到，东印度公司坚持主张：财政税收权是征收地税的权利，即便得到了这一权利也不等于就拥有了支配当地的行政权，自身只不过是为了贸易需要才将土地税纳入公司收益的。

　　然而，如果按照英国式的理性主义方式来向印度当地的柴明达尔（Zamindar）①严格征收地税的话，就不得不对当地进行政治统治。当时，莫卧儿帝国的行政和地方政府机构都呈现松懈萎靡的状态，如果不实行伴随武装力量的行政方式，就无法确保财政税收权的行使效率和成果。

　　此后东印度公司的贸易收支状况得到改善，印度也成为一块绝对的"生财之地"。但是，这一切都是建立在武装力量基础之上的殖民统治。而要以武力进行统治，就不得不拥有自己的"公司军"。虽然佣兵在印度并不是稀奇的事物，但本应为商业公司的东印度公司创建了"公司军"这件事，不论怎么看都是一件匪夷所思之事。

---

　　①　政府向农民征收税赋的中间人。——译者注

英国政府和议会方面，对于区区一家商业公司在获得"领土"的同时还拥有了控制其"领土"的"公司军"的这件事，自然响起了一片谴责与批判声。而其结果，如上文所述，促进了 1772 年《东印度公司管理法》和 1774 年皮特《印度法》的诞生。但东印度公司本身在立法之后依旧健存。

在保持种种特异性的同时，东印度公司在表面上呈现日益繁荣的景象。由英国人担任的东印度公司军将领的人数，在 1763 年时为 114 名，1769 年时为 500 名，进入 70 年代后突然增长，1784 年时竟然到达了 1069 名。正是他们，派遣印度佣兵跟随着下级军官及其他英国兵前往各地，进行征服印度的全面战争。

征服战争与东印度战争

迈索尔战争、马拉特战争等英国征服印度的战争就是由东印度公司军完成的。可以说，东印度公司已经彻底不是什么商业公司了，它转变成了一个为政府承揽殖民统治的承包公司。然而，东印度公司的这一蜕变，或许体现了其作为商业资本家所经营的商业公司的原始面貌。

最初，东印度公司的营业内容是将东印度当地的物产运回本国，再通过转销欧洲诸国或贩卖给本国消费者的方法赚取商业利润。但是为实现提高利润率的目的，就必须排除来自其他欧洲各国商人以及当地商人的竞争。于是，英国就不得不使用武力来排除这些竞争因素。普拉西战役就是以排除竞争者——法国为目的的战役。相同原理下，为了排除当地商人以及统治者的势力，商业公司就采取了使用军队这种不可思议的行为。

当然，如此奇怪的行为不仅改变了东印度公司作为商业公司的性质，同时还威胁到了公司本身的生死存亡。只能说，公司的这种怪异行为，导致其培养的印度佣兵反而最终扼制住了公司命运的咽喉。

也许正因为"东印度公司"是由商业资本家经营的"公司"，其命运走向必然会追随商业资本本身的去向。但是，东印度公司在奔赴黄泉之前，与英国国内工业革命这一世界史中的重大事件的关联也是一个不可忽视的因素。

在此，让我们将视线转向另一个问题。世界史中可以堪称经历了最为磅礴的产业兴亡历程的，除了"印度棉产业史"和"英国棉产业史"以外，便无他者可言了。

18 世纪末至 19 世纪初，在距今恰好约 200 年时，工业革命的钟声在英国敲响了。它摧毁了以往的印度棉产业，并推动着英国棉产业向着世界市场的大舞台腾飞，具有极其重要的历史意义。而长久以来以印度棉织物进口为主要业务的东印度公司，自然也就在这一历史风潮中失去了赖以生存的基础。

英国的工业革命

如笔者在第四章所述，由于英国东印度公司大量输入印度产的棉织物，导致了"棉织物论争"的爆发以及 1700 年《禁止进口棉织物法》、1720 年《禁止使用棉织物法》的成立。但是，尽管存在着这些禁止法，东印度公司对印度棉织物的进口在 1720 年之后不但没有减少，反而还继续不断增长。

这一时期，英国造出了以麻为经线、棉为纬线交织而成的被称作"棉麻混纺"的纺织品。但是从品质上来看，它仍低于印度棉织物的工艺水平。因此，当比棉织物更为高级的平纹细布（亦包括平纹薄毛呢、毛纱等）出现时，英国市场就被东印度公司所进口的印度产纺织品完全占领了。可见，印度纺织行业的技术是何等精湛优良。

于是，印度的棉产业便从其原本就已兴旺的亚洲市场，逐渐走向了阿拉伯世界以及非洲，甚至欧洲的市场。而将印度棉织物输往非洲、欧洲及西印度群岛方面的业务，则由东印度公司负责。

面对这样的现状，英国的棉生产者们自然也不会拱手默许。他们决心无论如何也要在英国制造出与印度产品相匹敌的优良棉织物。在这种想法的驱动下，他们进行了种种努力和钻研。

然而印度不单是在技术水平方面占据优势，其棉织物的价格也十分低廉。相较于英国劳动者的佣金，雇用印度棉织工的费用仅为其三分之一或四分之一。那么，产品价格自然也相对较低。因此，英国的棉生产者就必须努力也降低他们的生产成本。

而这些努力的结晶就是工业革命的技术革新。18世纪60~70年代，工业革命迈出了它的第一步。著名的阿克莱特（Richard Arkwright）水力纺纱机的发明，使更为廉价的棉线代替了以往经线位置上的亚麻线。这意味着经纬都由棉线织成的纯棉布将使生产成本得到大幅度的降低。

于是，工厂手工业时代终于向机器大工业时代开始挺进。不久后，随着珍妮纺纱机、塞缪尔走锭纺纱机等发明的陆续问世，生产出纤细而又坚韧的棉线的梦想也成为现实。由此，在本国的兰开夏地区，英国人也能够生产出可以和印度产品相抗衡的高级布料——平纹细布了。

机械的胜利与印度的现实

塞缪尔的走锭纺织机发明于1779年，而它正式被兰

东印度公司

开夏地区的棉纺织工厂采用则是在 18 世纪 90 年代。也就是说，距今约 200 年以前，长时期称霸世界市场的印度棉产业与新兴的英国棉产业两者的命运正在发生着翻天覆地的历史性逆转。

经过数十年的发展，英国棉产业在 19 世纪 20～30 年代开始全面进军世界市场。曼彻斯特的棉纺织工业时代开启了。最初，棉制品生产主要面向欧洲大陆的各个国家。但是，不久后，这些国家的机器棉纺织工业也逐渐兴起。于是，英国棉织物逐渐被出口到亚洲地区。

而原先的棉织物产地——印度也成为它的出口地之一。并且，面向印度市场的棉织物，在出口商品总体中的比重也急速增长。英国出口到国外的棉布中，进入印度市场的数量在 1840 年时占总体的 18%，1850 年增长至 23%，1860 年更达到了 30%。在此之前，英国不仅是印度棉布的进口国，同时也是其消费国。然而现在，印度反而变为了英国棉布的进口国。在印度生产的棉布向英国输出日益减少的同时，向印度出口的英国棉布却不断增多。1814 年，后者的出口量便已经以压倒性优势超过了前者。

机械制造的廉价棉布涌入印度后，一举摧毁了那里曾经盛极一时的棉纺织手工业。关于这段历史，19 世纪 20～30 年代，一位英国人写下了这段文字：

　　苏拉特、达卡、穆尔斯希达巴德（Murshidabad）以及其他以传统手工业赖以生存的城镇不断衰落、破败，那些触目惊心的现实即使用千言万语也难以道尽。

　　用于制造高级达卡平纹细布的原料——那些色泽明丽的优质棉花，以往在孟加拉地区被广泛种植，而如今，却几乎再难见到。

　　达卡的人口也从原先的 15 万锐减到 4 万，甚至是 3 万，城镇被树林和疟疾快速地吞噬着。

　　曾经是印度的曼彻斯特——达卡，已经从一座繁荣的城市沦落为一个贫穷的小镇。

　　据说棉纺织工人们的尸骨堆积遍野，如同一场大雪染白了印度平原。

达卡正是今天孟加拉国的首都。

废止印度贸易垄断权

以工业革命为转折点，英国棉纺织工业取得了飞跃性的发展，继而摧毁了原先的印度棉产业。这就意味着，东印度公司不得不将长久以来辛勤开拓的印度市场拱手让给本国的棉纺织工业资本家。

　　18 世纪 80 年代之后，以兰开夏地区为中心，英国的

东印度公司

棉纺织工业快速地发展壮大起来。在这一背景下，要求印度贸易自由化的呼声也随之高涨。

1792 年前后，格拉斯哥及曼彻斯特的制造业者们提出了以下意见：进口印度商品的贸易即使仍由东印度公司一手包办，但面向印度的出口贸易不应该再由其独家垄断了。鉴于这样的意见，1793 年的条例规定，一部分面向东印度地区的出口贸易必须向个体商人开放。这一年的 4 月，东印度公司的特许状获得更新，其贸易垄断权也被延长了 20 年。不过政府同时也宣布，在 20 年后的 1813 年，英国与印度之间的贸易市场最终将全方位地面向所有人开放。

1793 年特许状更新后，针对东印度公司贸易垄断行为的反对声不绝于耳。1811～1812 年，国内反垄断运动的声势进一步扩大，最终促成了 1813 年东印度公司对印度垄断贸易的终结。这一时期，英国国内的棉纺织工业已得到长足发展，印度生产的棉织物在英国国内的销售呈锐减的趋势。

1813 年的《印度贸易垄断废止法》准确而言，有以下规定：除"中国皇帝的疆域"以外，包括印度在内，东印度公司所有贸易区域、港口的贸易权、交易权、投资权都必须向所有国民开放。换而言之，东印度公司可享有贸易垄断权的区域便仅剩中国了。

这一时期，英国作为法国革命之后的对法大同盟的盟主，正处于与法国兵戎相见的时期。1815 年战争结束后，在印度，来自法国势力的威胁也随之荡然无存。于是，私营贸易主们便纷纷在印度各地创办商业公司，试图建立起通往中国贸易市场的基点。1820 年前后，由英国各岛私营商人经营的公司在卡利卡特多达 32 家，在孟买也有 19 家之多。

开放对中国的贸易

私营商们如此积极地进军中国特别是广东的贸易市场，目的在于将印度出产的鸦片贩卖到中国。鸦片走私贸易虽然已有很长的一段历史，但作为支付英国进口茶叶的开销而出现贸易额大幅增长的时期，还是发生在茶叶进口贸易兴隆的 1784 年之后，19 世纪鸦片走私贸易逐渐达到最繁荣的状态。

当然，在对中国的贸易中，从事鸦片出口生意的并不只有私营贸易商，东印度公司同样也是鸦片贸易的积极推进者。在获得中国茶叶贸易的垄断权之后，东印度公司很快又于 1773 年得到了在印度的鸦片专营权，接着又于 1797 年掌握了鸦片的生产垄断权。东印度公司主要在孟加拉地区种植巴特纳（Patna）品种和贝拿勒斯

东印度公司

（Benares）品种的鸦片，并将其作为公司的品牌鸦片进行销售。

围绕着对中国的鸦片贩卖生意，东印度公司受到了来自印度当地的私营贸易商的竞争威胁。1820 年前后，几家与拥有中国贸易垄断权的东印度公司对抗的私营贸易公司，主要从事的就是鸦片贸易。他们反对政府延长东印度公司特许状的期限，要求实现对中国贸易的自由化。

然而，反对东印度公司独占对中国贸易权的动向，并不仅仅体现在这些居住在亚洲的私营贸易商的活动中。当时，伴随英国国内棉纺织工业的日益发达，曼彻斯特、利物浦的制造业者和商人们也参与到反对东印度公司垄断权的运动中来，1827 年，他们向下议院提出了要求开放中国贸易的请愿书。1829 年 4 月，曼彻斯特及其周边的工商业者们聚集在曼彻斯特市政府，议员们就废除东印度公司的茶叶贸易垄断权、全面开放中国贸易的要求进行了决议。

也就是说，东印度公司对中国的贸易垄断，遭到了来自亚洲当地商业资本家和英国国内工业资本家两方面的攻击。

在这一背景下，1825 年 6 月，东印度公司的董事会也向下级发出指示，与中国商人签订契约时，全部签为截至 1834 年的短期契约。由此可见，他们当时已预料到中国贸易垄断权被废止只不过是时间问题了。1833 年 8 月 28 日，东印度公司对中国茶叶贸易的垄断权被废止，中国茶叶贸易改为向全民开放。

腐败选区与东印度公司

原本以商业公司身份起家的东印度公司，在经历了 1813 年被废止印度贸易垄断权和此次被废止中国贸易垄断权之后，最终丧失了其赖以生存的全部基础。自不待言，这一结果只不过是对以下事实——随着英国国内工业革命的进展以及工业资本家实力的上升，私营贸易商和非法商人对东印度公司的垄断贸易开始造成实际打击——的追认罢了。

实际上，在 1833 年，由英国商人经营的商社就已经有 66 家进驻了广东省。此外，在中国还出现了美国等地区的商人的活动。因而，作为商业公司的东印度公司，其贸易垄断权几乎变成了一纸空文。

1600 年起步的东印度公司在 1833 年被废止贸易垄断权，这一历史事件的意义决不容忽视。因为它意味着，代表商业资本家利益的垄断公司从此将湮灭于世了。

虽然说作为商业公司的东印度公司已经消亡，但作为英国政府殖民统治的代理，它在其后的历史中仍旧发挥了积极的作用。为了探究东印度公司的这一特征，在此让我们再次将时间向前稍稍推移，回顾一下公司与政府、议会之间的关系。

由上文可知，在东印度积累了资产后回到国内的nabob 中，出现了一些在国内购买领地，以议员身份向政界发展的人。

根据议会史方面的研究可知，1790 年前后，有 33 名归国富豪及 12 名东印度公司董事，共计 45 名东印度公司的相关者在下议院拥有议席。虽然当时的选举制度还残留着不少中世以来的旧习，但下议院议员的人选都是由来自自由农及其以上阶层的人选举出来的。

那么，背井离乡长年生活在印度的 nabob，如何能在回国后不久就当选为下议院议员呢？

他们是利用英国议会史上臭名昭著的腐败选区①，在那里靠着金钱的力量成为议员的。根据选举制度，英国下议院议员由划分出的小选举区选出。即便是一些曾经人丁兴旺的城市选区，也有不少地方只住着数十位选民，而这些人就是金钱贿赂的对象。于是，能够花钱收买的选区被称为腐败选区，归国富豪们便利用其作为跨入议会大门的垫脚石。

---

① 又称"口袋选区"，指那些拥有极少选民的选区。另外，因为当时的投票是公开记名的，口袋选区就更加容易被在选区拥有大部分土地的地主操作，不给其投票的选民很可能被其驱除。——译者注

修正选举法

从 18 世纪末到 19 世纪初，随着由单纯商业公司向殖民统治代理者的转变越来越显著，东印度公司营业部职员中，有很多都带着资产返回了英国。虽然并不是所有人都拥有足以被称为 nabob 的巨额资产，其中成为下议院议员的人也寥寥无几，但许多职员当初都是怀着赚上一大笔财产再回国的决心奔赴印度的，由此可见，回国的这群人已经相当富裕。据说，1800 年前后的英国，居住着数百名从印度返回的富人。

其中一些富豪在伦敦周边或英格兰西部、南部定居下来，并获取了当地的领土权，继而通过收买腐败选区成为下议院的议员。

进入 19 世纪之后，工业资本家们凭借自身实力的上升，对于东印度公司的相关者，即那些商业资本家及地主贵族利用腐败选区轻易获得议席并操纵政治的现象，展开了激烈的批判。这场批判的成果，加速了议会修正选举法的步伐。

英国议会史上选举法的第一次修正，就发生在 1832 年。而 1833 年正是东印度公司的贸易垄断权被全面废止，作为商业资本企业赖以生存的基础彻底崩溃的年份。也就是说，在同一时期，选举法也被更改。人们认为，选举法的第一次修正是工业资本家战胜商业资本家的一个象征性事件。同时结合东印度公司垄断权被废止的事件来考虑，这的确可称得上工业资本家大获全胜的一次证明。

不过，最近关于选举法修正的研究指出，在第一次修正选举法后，棉纺织工业资本家等工业资本家仍未能在议会上获得议席。地主贵族和商业资本家们一如既往地占据着议会的大多数席位。

工业资本家，具体而言是指兰开夏的棉纺织工业资本家，他们获得议席并推动政局走向的日子在 1867 年第二次修正选举法之后才真正到来。这一时期，兰开夏居住着众多拥有选举权的城市劳动者，因而是有望获得大量投票的大选区。于是，被立为候选人的棉纺织工业城市的代表四处奔走，使出浑身解数将他们拉入自己的阵营。从第一次修正选举法的 1832 年到第二次修正选举法的 1867 年，这一期间工业资本家逐渐巩固了他们在英国赢得的胜利成果，迎来了自由贸易的全盛时代。关于当时东印度公司的状况，我们将在下文中阐述。

11

东印度公司的瓦解

新加坡与香港

1833 年东印度公司贸易垄断权的废止事件，可以被视为自由贸易商人胜利的象征。东印度公司本身虽然没有即刻解散，但在那之后，英国国家权力不仅对印度，同时对中国贸易都展开了更为强有力的直接介入。并且，介入的国家权力中，曼彻斯特地区的棉纺织工业资本家的意志也逐渐增强。由此，东印度公司作为殖民统治代理机构的机能便被充分地发挥出来。

曾经是东印度公司营业部高级员工的斯坦福·莱佛士，抓住荷兰本土被拿破仑占领的时机，于 1800 年乘机夺取了荷兰领地爪哇岛。此后的一段时期，莱佛士一直致力于对爪哇岛进行改革。但是，最终因为拿破仑战争之后双方签订的条约，爪哇岛被归还给了荷兰。接着，1800 年，莱佛士控制了位于马来半岛南端的土地（新加坡），

东印度公司

在那里建立了以"商业自由"为原则的贸易自由港。坐落于印度洋和太平洋交接处的新加坡由此迅速繁荣，成为英国向中国扩张的前沿阵地。

1833 年以后，东印度公司获得收益的重要途径为：贷款给印度农民让其从事鸦片生产，再将收购来的鸦片产品贩卖到广东。这项收益在东印度公司总体收益中占据了高达 12% 的比重。由于除了东印度公司以外，自由贸易商也在鸦片贩卖的行列之中，所以流入中国的鸦片总量呈现一路上升的趋势。在印度一箱价格为 200 美元的鸦片，到了广东，其交易价格就会变为 800 美元。于是，即便是冒着禁令，鸦片贩卖活动仍兴旺不减，形成了一股不可遏制的洪流。

在这一背景下，1840 年鸦片战争爆发。在这场战争的中途，1841 年 1 月 26 日，英国军舰占领香港。当英国政府宣布这块岛屿不久后将成为自由港后，私营贸易商们便纷纷开始在这里购买土地，并移居到此。香港就是在这样的历史进程中被开拓出来的。可以说，英国管治下的香港的初期历史与东印度公司有着颇深的渊源。

早先开辟了新加坡殖民地的莱佛士，在很早以前就强调占领香港的必要性。第一代香港总督璞鼎查爵士（Sir Henry Pottinger）和第二代总督戴维斯爵士（Sir John Francis Davis，即汉学家德庇时）都与东印度公司有着密不可分的关系。鸦片战争结束后，在英国与清政府缔结的《南京条约》中没有任何关于鸦片的规定。于是，香港在此后继续充当着英国向中国倾销鸦片的最大仓库。

东印度公司统治的极限

如上文所述，中英鸦片战争与东印度公司之间有着不可分割的关联。而相对于这场战争，1857 年在印度爆发的"印度兵叛乱"，则决定性地影响了东印度公司的命运。关于印度佣兵，笔者在上文中也曾记述，由他们掀起的"印度兵叛乱"是一场从 1857 年 5 月持续到 1859 年 7 月的，为时两年以上的大叛乱，同时也是一场席卷了除南印度以外的印度次大陆大面积国土的民族运动。虽然说英国统治了印度，但其统治开始于 1757 年的普拉西战役。在那之后，英国的统治网逐渐在印度次大陆上蔓延开来。但是，就在它即将完成对印度全面支配的前夜，即百年之后，它却迎来了印度兵的大叛乱。

如上所述，在这一期间，东印度公司丧失了原有的特质，蜕变为一个军事统治者、殖民地经营者。在某种意义上甚至可以毫不过分地说，这百年间，东印度公司"披星戴月"、苦心经营的事就是在印度各地所发动的侵略战争。

在普拉西战役中控制了孟加拉之后，东印度公司接着用武力占领了贝纳勒斯，将阿瓦德变为保护国，又多次挑起迈索尔战争，不断扩张其统治领域。当然，扩张过程中必然要面对深受残酷剥削的农民的反抗与叛乱。于是，东印度公司便不断采用武力镇压的手段继续扩张自身的统治范围。进入 19 世纪后，东印度公司又挑起了马拉塔战争、锡克战争。在这些战争中，东印度公司不但遭到农民反抗，同时还遇到了印度佣兵抗命不从、叛逃的问题，因此各种战事只能勉强推行。就在这样的征服印度的战争中，越来越多的地区反复出现了其后爆发的 1857 年大叛乱的前兆。但是，在 1849 年征服旁遮普地区后，英国势力仍没有停止迈向印度各地的扩张步伐。1856 年，东印度公司宣布正式完成了对保护国阿瓦德的兼并。

在大叛乱中发挥关键性作用的印度佣兵大部分都出身于阿瓦德和孟买。因此，东印度公司对阿瓦德所施加的高压政策强烈地刺激了他们的感情，最终导致印度佣兵民族自我意识的觉醒与高涨。以代理的形式替本国政府进行殖民统治的东印度公司，其推行的军事性征服事业最终进入了力不从心的垂死时期。

印度佣兵大叛乱

1857 年正是英国完成工业革命，确立棉纺织工业资本家政权的年份。也就是说，现代化武器、装备以及产生飞跃性突破的生产力，已经在人类历史的进程中发挥了巨大的作用。而在中国爆发的鸦片战争便是一个实证，围绕"亚罗号"的纠纷也已经爆发。因此，人们普遍认为，英国通过东印度公司对印度所推行的殖民统治，应该不会遇到任何抵抗，很快就能获得最后的胜利。

然而，英国虽然拥有强大的军事力量，但想要镇压住几亿印度民众也绝非一件轻而易举之事。驻扎在印度当地的东印度公司军的军事将领们，对印度佣兵和印度农民的动向，无时无刻都保持着小心谨慎的态度。

但是，印度民众在组织针对英国和东印度公司的民族反抗运动上严重地缺乏统一性，不但在战线上呈现七零八落、各自为伍的状态，而且不同种姓之间也缺乏良好的配合。虽然在反欧情绪这一点上，印度人、中国人以及幕府时代尊皇攘夷的日本人都一样怀着根深蒂固的民族意识，但是就将这些力量集结起来并取得抗争胜利这一目标而言，他们的实际情况与目标还相距甚远。

虽然这是印度历史上最大规模的人民叛乱，完全不同于地方性的农民骚动，但是它最终还是未能逃脱被镇压的命运。如上文所述，最先发动叛乱的印度佣兵在印度社会中属于特殊的高种姓阶层。而印度社会在种姓思想中产生的这种特有情感，便是叛乱爆发的导火索。

从这种特有情感中衍生的一个问题，就是印度佣兵海外派遣的问题。对于印度佣兵而言，向印度河以西的阿富汗远征或走海路向缅甸方面进军，就意味着要进入一个与他们本身格格不入的异域世界。他们认为那里的食物和水源条件恶劣，那样不洁的世界根本没有人会去。但是，英国从殖民地入侵策略的角度出发，考虑到向缅甸和阿富汗扩张具有绝对的必要性，于是在1856年7月下达了"凡不能承诺向海外出征者"一律不予雇用的军令。因此，印度佣兵的怨愤，便伴随着生死攸关的海外派遣问题，进入了一触即发的高涨状态。

除此之外，进一步激化了叛乱进程的是，关于恩菲尔德步枪所使用的子弹包的问题。

印度佣兵挺进德里

米拉特是一座位于德里东北部、印度河上游流域的城市。这里正是印度佣兵大叛乱的爆发地。

1857年4月23日，在这座城市的第三轻骑兵连队印度兵兵营中发生了以下这段对话：

米拉特也要分配新子弹包了。很明显，子弹包上被涂上了牛油、猪油。不管是印度教教徒还是穆斯林，谁咬下去谁就会被玷污。

要是用了这种子弹包，大概会把自己的种姓都丢掉，连家也回不了吧。

印度兵们面面相觑，却又都缄默不语。事实上，要反抗上级英国将领是需要一定的胆量的。而他们奋勇而起的时间是 5 月 10 日（周日）的傍晚。随着一阵"欧洲人要来了！要打趁早！晚了白死！"的高呼声，印度士兵们云集响应，一举冲进了武器库，将英国人将校就地处死。叛乱随即扩展到当时正在举行露天集会的一个城镇，于是，军民合为一体，共同袭击了英国人的居住区。

很快，印度兵当中又传来一声呼号："快！兄弟们！挺进德里！德里！"德里距离米拉特只有 38 英里。在那里的一座壮丽城池之内，居住着名存实亡的莫卧儿帝国皇帝巴哈杜尔·沙二世。这些发动军变的印度佣兵集结在皇帝的权杖之下后，军事叛变立即转变为全国性的军事起义，强烈地撼动着英国的殖民统治基础。英国将校们也开始坐立不安起来。

最初到达德里的是骑兵，时间为 11 日上午 7 点。步兵的行军速度稍慢，但也在下午进入了德里。印度兵认为控制住德里就等于控制了整个印度，于是纷纷向德里挺进。不久后，他们便涌入了莫卧儿皇帝所在的宫殿。

面对皇帝，印度兵的一位代表做了以下陈述：

> 如您所知，英国人要求印度兵咬开涂满牛油和猪油的子弹包。他们非常清楚，一旦咬了这种子弹包，印度教教徒和穆斯林的信仰就会被亵渎。因此，为了保卫信仰，我们冒死挺身而起，来此恳求皇帝陛下的鼎力相助。

然而，皇帝显得优柔寡断，最后在印度兵的催促与胁迫之下，才勉为其难地登上王位，宣布复权。而这些细节，直到后来才被人们知晓。但不管怎样，被英国夺走的莫卧儿帝国的统治权再次回到了莫卧儿皇帝的手中。

东印度公司的解散

不论莫卧儿皇帝和宫廷官吏当时持何种态度，总之，莫卧儿帝国在起义军的运作之下成立了行政议会。这件事在各地的印度士兵和民众当中产生了巨大的影响，掀起了全国各地的起义浪潮。

但是，其中也有一部分人由于长年养成的奴性，干起了为英国方面通风报信的事，从而引发民愤。另外，还存在着印度教教徒和穆斯林之间的对立和地方矛盾的问题。

因此，大起义虽已经发展到全国性的规模，却始终难以摘取最后的胜利果实。同时，起义军内部也出现了对立斗争，指挥官的意见四分五裂、难以统一。皇帝和王子也丝毫不具备担任军事司令的才能。

虽然这是一场调动了地方农民、德里市民等广大民众的大规模民族运动，然而皇帝及那些旧莫卧儿帝国的掌权者没有能力将这股力量凝聚起来。

9月，重建体制后的英国军队发动了对德里市的总攻，皇帝被捕。所谓的印度统治者（皇帝）在仅仅数月后就被夺去头衔并押上了法庭，在1858年被遣送到流放地——大光（1755年改名为仰光）。莫卧儿帝国至此名实俱亡。

虽然失去了莫卧儿皇帝，印度全国兴起的起义浪潮仍持续了一年以上的时间。东印度公司只得求助本国政府来镇压起义。由于这一时期英国政府的实力处于巅峰状态，因此向印度输送了远远超过东印度公司请求的兵力，并发行了1000万镑国债用以充实军费。

英国方面多次调遣讨伐军，向阿瓦德的勒克瑙和阿萨姆、孟买、中央邦等各个地方进军，但是由农民兵组成的阿瓦德部队实力强大，久久难以攻克。直到1859年7月以后，这场大起义才被彻底镇压。

这一期间，东印度公司最终被勒令解散。由于印度爆发叛乱的责任在于东印度公司的统治方法不妥，1858 年 8 月，英国国会通过《印度统治法》剥夺了早已丧失商业垄断权的东印度公司在印度各地的统治权。至此，1600 年 12 月获得特许状而发足的东印度公司，终于命归西天了。

根据《印度统治法》，自 1858 年 11 月 1 日起，印度进入由英国政府直接统治的时期。而对于以忽略印度市场开发为由向东印度公司展开攻击的兰开夏地区的棉纺织工业资本家而言，这无非又是一个新的胜利。

"印度帝国"的成立

1858 年，堪称商业资本家代表的东印度公司在丧失商业垄断权之后又被剥夺了对印度的统治权，这具有极为重要的历史意义。因为正如上文所述，这象征着以兰开夏棉纺织工业资本家为代表的工业资本家的全面胜利。不过，东印度公司在 1858 年还没有完成全部的清算工作。

这是因为英国政府向公司股东做出了将股息一直支付到 1874 年的承诺。也就是说，东印度公司在 1858 年之后也不得不完成对残留业务的整理工作。

于是，东印度公司安排了一位代表、五位董事和一位文员常驻公司，负责处理残留业务。虽然位于伦敦的公司所在地被搬迁到了一个小地方，但无论如何，东印度公司的名称被保留了下来。另外，自 1858 年起，英国政府在印度的统治机构中设置了印度大臣和 15 人组成的评议会，以执掌统治事务。

1858 年之后，在东印度公司进行残留业务整理的 30 年间，对于英国而言，印度的存在意义变得愈发重大。1869 年，运河开通，英国与印度之间的交通便利起来。其次，帆船向蒸汽船的转变、木质船向钢铁铸成的船舶的升级，也出现在这一时期。英国与印度之间的距离被逐渐缩短，以印度为跳板的亚洲扩张也随之变得便利起来。

当东印度公司最终完成面向股东等的残留业务的整理之后，1877 年，英国政府宣布，印度作为英属殖民地将正式合并于维多利亚女王的王土之中。"印度帝国"成立了，这意味着英属印度的形成。这一时期，首相本杰明·迪斯雷利（Benjamin Disraeli）将维多利亚女王奉为"印度女王"。他的这一举措中蕴含着通过将印度立为一个帝国，并赋予其与英国共同的女王来强化两者精神上的统一的意图。伴随着"印度帝国"的成立，东印度公司的"荣光与事迹"便真正地成了历史。

但是，"印度帝国"实际上就是东印度公司留下的遗产。或者更确切地说，东印度公司为后世所留下的财产是：在公司业务重点转移到殖民地的统治和经营的时期，

东印度公司

那些活跃在"亚洲海域"的私营贸易商和自由贸易商们。他们在东印度公司解散的 1858 年以及"印度帝国"成立的 1877 年之后，一如既往地以香港等地为基地活跃在历史舞台之上。在笔者看来，怡和洋行（Jardine Matheson）便是其中的代表之一，正是他们继承了曾作为商业公司叱咤风云的东印度公司的历史。

后　记

　　正文结尾处所提及的怡和洋行，现在仍以香港为中心活跃在世界的商业舞台上。从注册地点上看，虽然其总部已迁出香港，但实际上它仍以香港为基地在东南亚、太平洋各地、南非、中东等地开展着贸易活动。

　　这样说可能会给人们造成一种印象，似乎它与英国本土之间没有什么关联。怡和洋行最初是在 1832 年，由苏格兰出身的威廉·渣甸（William Jardine）和詹姆斯·马地臣（James Matheson）于澳门创建的公司，早期主要从事印度生产的鸦片和茶叶的相关贸易。而 1832 年，当时东印度公司的中国贸易垄断权尚未被废止，于是他们只得以非法商人的身份开启了最初的商业旅程。不过，在仅仅一年后的 1833 年 8 月，中国贸易面向英国民众全面开放。因此，我们可将怡和洋行视为东印度公司商业活动的事实上的继承者。

　　鸦片战争之后，怡和洋行将总部迁至香港，并向中国内地进军，在广东和上海也分别设置了店铺。怡和洋行是一家相比于印度，更偏向以中国为中心的贸易商社。随着19世纪进入末期，怡和洋行开始涉足造船、运输、仓库、缫丝工厂、房地产等领域，同时也面向清朝政府展开了贷款业务。它还参与了京奉铁路等铁道建设的贷款事项，这意味着事实上英国也参与了对中国的帝国主义侵略。

第二次世界大战后，怡和洋行暂时退出中国内地，以香港为基地开拓了一条与亚洲各地相互通商的经济渠道。1980年前后，它重新在上海、广东设置代表处。而如今，1997年香港主权回归中国的日子已近在眼前，因此其今后的动向则显得尤为引人瞩目。但不论将来如何，怡和洋行在当前仍积极活跃在历史舞台上。并且，当我们意识到怡和洋行是东印度公司事实上的后继者时，东印度公司的历史就不单纯是已消亡的历史了。

不仅如此，在本书的执笔过程中，笔者的脑海中总是不由自主地浮现出当今日本政界、金融界的动向。虽然说东印度公司是商业资本家们在久远的年代缔造的垄断公司，但是我们不能将其单纯地形容为过往的古物。实际上，对于生活在国际化时代的我们，东印度公司的历史以众多不同的形式为我们提供了种种教训。虽然本书只是一部内容精短的小著，但如果读者能从中汲取一点心得，并作为今后人生道路上的精神食粮，那么笔者将感到无比欣喜。

执笔时的参考资料本应一一列举，但由于篇幅有限，仅在此注明两部著作：西村孝夫著《英国东印度公司史论》（大阪府立大学经济学部，昭和三十五年）、浅田实著《商业革命与东印度贸易》（法律文化社，昭和五十九年）。

1989 年 6 月

于东京八王子市

浅田实

图书在版编目（CIP）数据

东印度公司：巨额商业资本之兴衰／〔日〕浅田实
著；顾姗姗译．－－北京：社会科学文献出版社，
2016.11（2023.4 重印）
ISBN 978 - 7 - 5097 - 9593 - 4

Ⅰ.①东…　Ⅱ.①浅…②顾…　Ⅲ.①东印度公司（英
国）－研究　Ⅳ.①F755.619

中国版本图书馆 CIP 数据核字（2016）第 196645 号

东印度公司
——巨额商业资本之兴衰

著　　者／〔日〕浅田实
译　　者／顾姗姗

出 版 人／王利民
项目统筹／冯立君　董风云
责任编辑／沈　艺　张　骋
责任印制／王京美

出　　版／社会科学文献出版社·甲骨文工作室（分社）（010）59366527
　　　　　地址：北京市北三环中路甲 29 号院华龙大厦　邮编：100029
　　　　　网址：www. ssap. com. cn
发　　行／社会科学文献出版社（010）59367028
印　　装／三河市东方印刷有限公司

规　　格／开　本：889mm×1194mm　1/32
　　　　　印　张：6.375　字　数：116 千字
版　　次／2016 年 11 月第 1 版　2023 年 4 月第 8 次印刷
书　　号／ISBN 978 - 7 - 5097 - 9593 - 4
著作权合同
登 记 号／图字 01 - 2015 - 0457 号
定　　价／48.00 元

读者服务电话：4008918866